浙江省高职院校“十四五”重点立项建设教材

新编21世纪高等职业教育精品教材 · 跨境电商系列

跨境电子商务基础

主　编　**张　静　王雅平**

副主编　**陆红娟**

中国人民大学出版社

· 北京 ·

图书在版编目（CIP）数据

跨境电子商务基础 / 张静，王雅平主编．-- 北京：中国人民大学出版社，2025.6. --（新编 21 世纪高等职业教育精品教材）. -- ISBN 978-7-300-34116-3

Ⅰ. F713.36

中国国家版本馆 CIP 数据核字第 2025KJ4900 号

浙江省高职院校“十四五”重点立项建设教材

新编 21 世纪高等职业教育精品教材 · 跨境电商系列

跨境电子商务基础

主　编　张　静　王雅平

副主编　陆红娟

Kuajing Dianzi Shangwu Jichu

出版发行	中国人民大学出版社		
社　　址	北京中关村大街 31 号	**邮政编码**	100080
电　　话	010－62511242（总编室）		010－62511770（质管部）
	010－82501766（邮购部）		010－62514148（门市部）
	010－62511173（发行公司）		010－62515275（盗版举报）
网　　址	http://www.crup.com.cn		
经　　销	新华书店		
印　　刷	天津鑫丰华印务有限公司		
开　　本	787 mm×1092 mm　1/16	**版　　次**	2025 年 6 月第 1 版
印　　张	11.5	**印　　次**	2025 年 6 月第 1 次印刷
字　　数	240 000	**定　　价**	38.00 元

前言

PREFACE

当今世界正经历百年未有之大变局，数字经济成为影响世界经济发展的关键变量。近十年间，中国一直在加快推进“丝路电商”，推动构建“一带一路”电子商务大市场。浙江交通职业技术学院位于浙江省杭州市，杭州市既是全国电子商务生态链最完整、最活跃的地区之一，也是开辟外贸发展新空间的重要区域。早在 2014 年，浙江交通职业技术学院就开始与省内优秀的跨境电商企业合作，并在 2016 年成为“阿里巴巴跨境电商人才培育基地”，是最早和阿里巴巴集团合作的高等职业院校之一。

本教材的内容设计基于对企业的充分调研，以中小外贸企业的实际需求为出发点。首先，B2B 占据跨境电商市场的主导地位，占我国跨境电商出口额的比重超过 70%。其次，阿里巴巴国际站是全球最大的跨境电商 B2B 平台，是目前中小外贸企业使用最普遍的平台，也是毕业生在工作中最常用的平台。因此，本教材以中小外贸企业的业务员利用电子商务平台开展国际贸易的工作过程为主线，内容以 B2B 平台为主、B2C 平台为辅。

本教材共分为 8 个模块，分别是跨境电商综述、主流跨境电商平台、跨境电商物流、产品开发、视觉营销与图片处理、产品发布、海外营销与站内营销、订单履约与国际贸易风险。模块一和模块二从宏观角度集中介绍了跨境电商行业的发展和目前的主流跨境电商平台。模块三到模块八从微观角度基于外贸业务员的岗位要求，按照跨境电商平台运营的工作过程，选取主要的工作任务进行安排。

本教材既可供高等职业院校商务英语、国际经济与贸易、国际商务等专业作为专业课教材使用，也可以作为跨境电子商务专业的入门教材。同时，作为浙江省高等学校精品在线开放课程“跨境电子商务操作”的配套教材，本教材也适合社会学习者自主学习，欢迎学习者登录“浙江省高等学校在线开放课程共享平台”免费注册学习。

为了紧跟行业的发展，适应高职教育的要求，本教材具有以下鲜明的特点：

1. 融合德育素养内容，服务中国外贸

本教材介绍了中国跨境电商行业发展的背景，以阿里巴巴国际站的运营与实操为主要教学内容，同时介绍了中国众多杰出的外贸企业和跨境电商平台，旨在增强学生的国家意识，激发学生的爱国情怀。此外，本教材还加强了对学生在知识产权保护、信用风

险防范等方面的教育，有助于塑造学生的职业精神，提高学生的职业素养。

2. 校企合作，符合学生就业方向

本教材源于编者2015年的访问工程师项目“基于连接主义的跨境电商电子教材设计研究”。由于受访企业是专门为中小外贸企业提供员工招聘和培训服务的机构，编者调研了众多外贸企业一线员工的工作情况，并实际参与了企业的培训项目。基于这些广泛调研，本教材主要以阿里巴巴国际站为例编写教学内容，更符合学生未来的职业发展需求。

3. 引入企业认证，实现岗课赛证融通

本教材在编写过程中，将跨境电商专员的岗位技能要求融入学习目标；将教学内容与阿里巴巴官方推出的“国际站操盘官认证”相结合，做到课程与职业证书相融合；结合职业院校技能大赛互联网＋国际经济与贸易赛项，将竞赛项目融入各个教学单元；巩固“国际贸易实务”等先导课程的相关知识与技能，为后续的“跨境电商平台实操”等课程打好基础。

4. 基于互联网，线上线下相结合

本教材作为一本新形态教材，通过二维码将微课视频、平台规则、政策法规等内容以网站资源的形式提供给学生，保证内容的及时更新，更适应跨境电商快速变化的行业特点。同时，作为浙江省高等学校精品在线开放课程的配套教材，本教材融合了纸质内容和线上资源，有利于线上资源和线下的教学、思考、讨论有机结合，适合课堂教学活动的开展。

5. 脉络清晰，适合探究式学习

本教材简洁易懂，以不超过学生的学习疲劳度为限，符合高职学生的认知水平。清晰的知识脉络能促使学生通过自主学习来丰富具体信息，以实现在教师引导下的探究式学习。

在编写本教材的过程中，我们得到了校企合作单位杭州威顿尼贸易有限公司应如意总经理的大力支持，她慷慨地为我们提供了大量的案例素材和外贸企业一线经验总结，特在此表示感谢！

由于各个跨境电商平台的规则时有变化，书中难免有疏漏之处，恳请各界人士与使用者批评指正。

编者

课程介绍

目录

CONTENTS

模块一 跨境电商综述

学习目标

● 知识目标

1. 理解跨境电商的概念
2. 了解中国跨境电商 B2C 出口的发展历程与现状
3. 了解中国跨境电商（广义）的发展历程与现状
4. 认识电子商务是开展国际贸易的重要工具

● 技能目标

1. 能够区分 B2B、B2C、C2C 等电商模式
2. 能够区分狭义的跨境电商和广义的跨境电商

● 素养目标

1. 培养全球视野
2. 培养对国际贸易行业的职业认同感
3. 增强民族自豪感和自信心

单元一 跨境电商的概念与范围

一、跨境电商的概念

微课

跨境电商的概念

国际贸易是跨越关境的货物与服务交易，一般由进口贸易和出口贸易组成，所以也被称为进出口贸易。国际贸易在一国经济发展中具有非常重要的地位，可以调节国内生产要素的利用率，改善国际供求关系，调整经济结构，增加财政收入。随着经济全球化和信息技术的迅猛发展，电子商务日益成为国际贸易的重要手段，逐步形成了跨境电子商务（简称跨境电商）。

近年来，跨境电商已成为推动我国外贸转型升级和高质量发展的新动能，也成为国际贸易发展的新趋势。越来越多的传统外贸企业开始试水跨境电商。跨境电商是指分属于不同关境的交易主体，通过电子商务的手段，将传统进出口贸易中的展示、洽谈和成交环节电子化，并通过跨境物流送达商品，完成交易的一种国际商业活动。

二、跨境电商的涵盖范围

跨境电商的涵盖范围，可从狭义和广义两个方面来讲。狭义的跨境电商是指跨境电商零售，也就是在网上进行小包的买卖，即通常所说的 B2C 或者 C2C。广义的跨境电商是指电子商务在进出口贸易及零售中的应用，不仅包括跨境电商零售和跨境电商 B2B 等进出口跨境电商，而且涵盖相关建站、SaaS（软件运营服务）、供应链、物流、海外仓、支付、金融等服务商。

很多人没有真正弄明白跨境电商的概念，常常会将跨境电商零售（即跨境电商 B2C/C2C）和跨境电商 B2B 混淆。我们先来了解跨境电商零售和跨境电商 B2B 的交易流程（见图 1-1）。

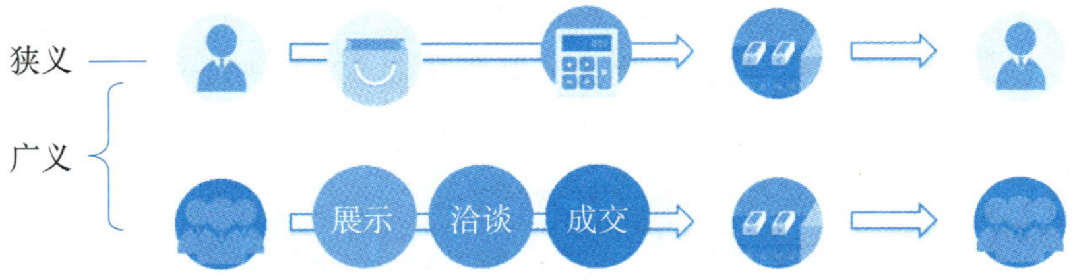

图 1-1　跨境电商零售和跨境电商 B2B 的交易流程

跨境电商零售是指分属于不同关境的交易主体，借助互联网达成交易，进行支付结算，并通过跨境物流将商品送到消费者手中的交易过程。通俗地讲，跨境电商零售就是企业或个人通过跨境电商平台将一国商品直接销售至境外的终端消费者。这里为什么要说境外而不说国外呢？这是因为由中国大陆地区销往中国港澳台地区的交易也属于跨境交易的范畴，反之亦然。跨境电商零售这种模式与淘宝、京东等电商平台类似，最大的区别就在于买卖双方分属于不同的关境。但随着跨境电商的发展，一部分碎片化、小额批发的小 B 类买家用户也成为消费群体，由于这类小 B 类商家和 C 类个人消费者在现实中很难严格区分，因此也将这部分群体纳入跨境电商零售范畴。

跨境电商 B2B 是指基于电子商务信息平台或交易平台的企业对企业的跨境贸易活动。在出口方面，主要的平台包括阿里巴巴国际站（中国供应商）、环球资源网、中国制造网等。在进口方面，主要的平台有阿里巴巴国际站（海外供应商）、1688 进口货源平台等。

三、跨境电商产业链

当前，我国跨境电商产业链包括出口跨境电商、进口跨境电商和跨境电商服务商（见图 1－2）。

图 1－2 2024 年中国跨境电商产业链图谱

资料来源：网经社．2024 年度中国跨境电商市场数据报告［EB/OL］．2025－05－29．

（一）出口跨境电商

（1）平台类：阿里巴巴国际站、亚马逊全球开店、eBay、全球速卖通（AliExpress）、Temu、Wish、Walmart、Shopee、Lazada、TikTok、Allegro、大龙网、大健云仓、敦煌网、Mercado Libre、Joom、联络互动等。

（2）卖家类：希音（SHEIN）、安克创新（Anker Innovation）、PatPat、棒谷、有

棵树、跨境通、通拓、赛维、兰亭集势、子不语、三态股份、傲基（AUKEY）、致欧科技、易佰网络、吉宏股份、华宝新能、绿联科技等。

（二）进口跨境电商

天猫国际、京东国际、考拉海购、洋码头、洋葱集团、宝贝格子、55 海淘、亚马逊海外购、海拍客、KK 集团、识季、笨土豆等。

（三）跨境电商服务商

（1）跨境支付类：蚂蚁国际、腾讯跨境金融、连连国际、银联电子支付、PingPong、派安盈（Payoneer）、富友支付、贝宝（PayPal）、拉卡拉、空中云汇（Airwallex）、京东支付、通联支付、易宝支付、钱宝科技、快钱支付、苏宁易支付、寻汇（SONRATE）、钱海、珊瑚跨境等。

（2）跨境物流类：纵腾集团、递四方（4PX）、燕文物流、佳成国际、至美通、运去哪、环世物流、出口易、芒果海外仓、海管家、无忧达、飞盒跨境等。

（3）跨境 SaaS 类：领星、店匠、易仓科技、小满科技、积加、店小秘、爱客科技、马帮 ERP、船长 BI、擎天全税通、客优云、稻米云等。

实训练习

中华人民共和国海关总署会定期发布中国进出口贸易的详细数据。请同学们登录海关总署的官方网站，在“数说海关”栏目（见图 1－3）查询并记录本月的进出口商品总值、进出口商品国别总值、进出口商品构成等数据。

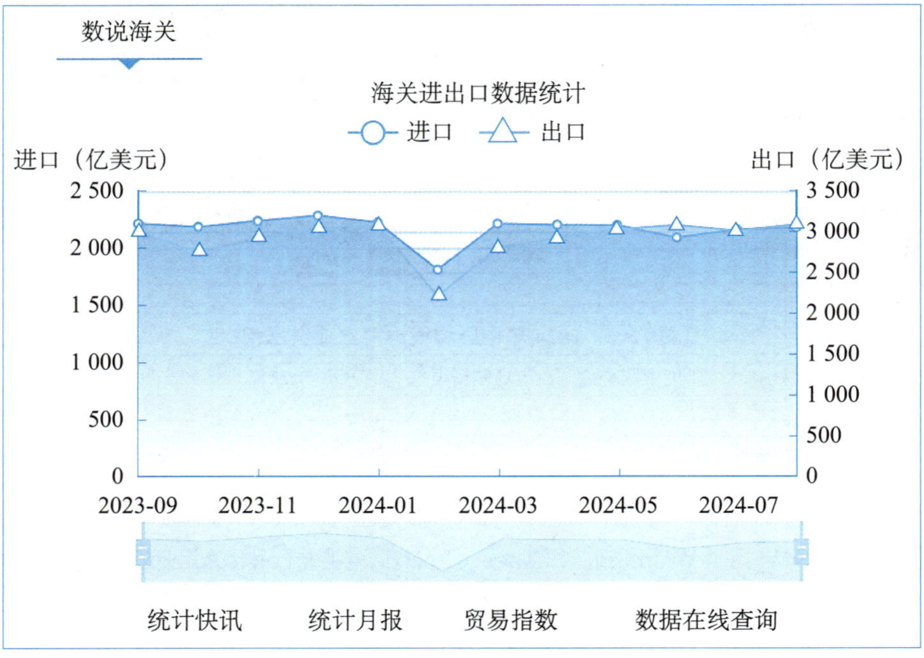

图 1－3　数说海关

单元二　跨境电商的发展现状

一、中国跨境电商市场交易规模

随着数字技术的飞速发展以及对国家产业体系的全面渗透，以数字资源为新型生产要素的数字经济体现出强劲的生命力以及创新力，数字经济已经成为推动产业结构升级、提升经济效率的重要引擎。

2025 年 5 月，网经社旗下国内知名电商智库电子商务研究中心发布了《2024 年度中国跨境电商市场数据报告》（以下简称《报告》）。《报告》显示，2024 年中国跨境电商市场规模达 17.66 万亿元，较 2023 年的 16.85 万亿元同比增长 4.8%。2019—2023 年市场规模（增速）分别为 10.5 万亿元（16.66%）、12.5 万亿元（19.04%）、14.2 万亿元（13.6%）、15.7 万亿元（10.56%）、16.85 万亿元（7.32%），如图 1－4 所示。

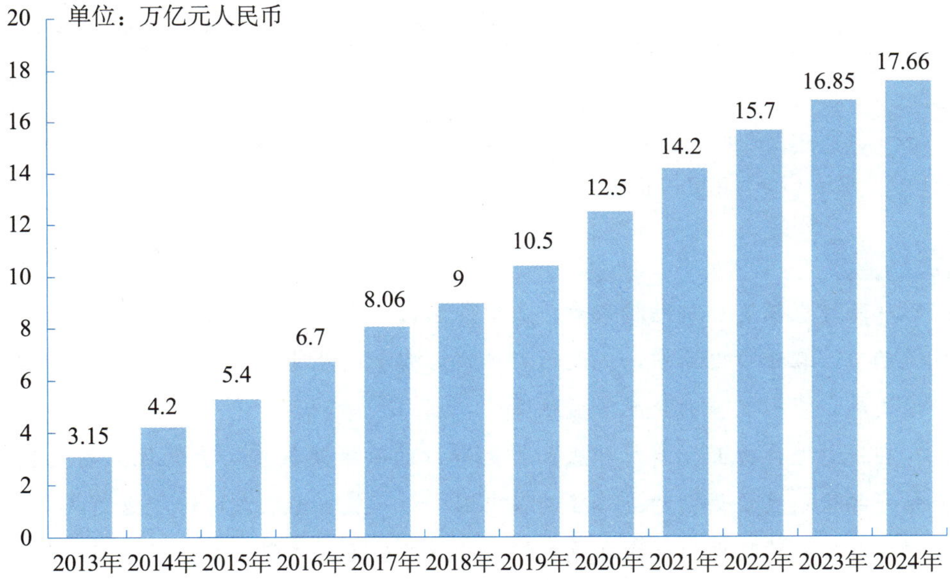

图 1－4　2013—2024 年中国跨境电商市场交易规模

资料来源：网经社．2024 年度中国跨境电商市场数据报告［EB/OL］．2025－05－29.

数据解读

（1）国内跨境电商行业在 2013 年至 2024 年间，交易规模呈现持续且稳定的增长趋势，这一增长主要得益于政策端支持力度的增强、“一带一路”倡议和《区域全面经济伙伴关系协定》（RCEP）打开的新发展空间以及行业生态的改善等因素。

（2）随着全球市场的不断扩大，跨境电商行业也在稳定发展。但随着跨境电商迈入全新发展阶段，平台流量红利见顶，跨境卖家正在积极寻找新的增量入口。

二、中国跨境电商交易规模中的进出口结构

数据显示，2024年中国跨境电商进出口结构上，出口占比为77.6%，进口占比为22.4%（见图1-5）。

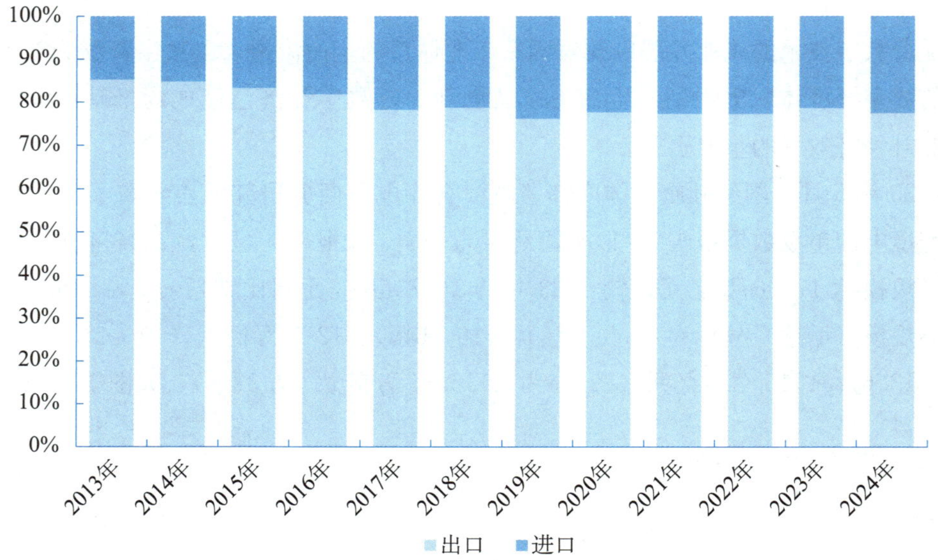

图1-5　2013—2024年中国跨境电商交易规模中的进出口结构

资料来源：网经社.2024年度中国跨境电商市场数据报告［EB/OL］. 2025-05-29.

数据解读

（1）从跨境电商进出口结构来看，出口依然占据主导地位，品牌出海成为近年来发展的主流趋势。在出口电商中，庞大的海外市场需求及外贸企业转型升级等因素都助推行业快速发展，吸引更多的企业纷纷触网。

（2）在进口电商方面，消费升级和扩大进口的政策使该市场有着巨大的发展空间。国外零售商品目前主要借助两条路径进入中国，即一般贸易模式和跨境电商模式。与一般贸易模式相比，跨境电商模式在更积极的政策支持下，体现出交易过程扁平化、服务集约化的特点，从而帮助海外品牌商更快更好地将商品销售给中国消费者。

三、中国跨境电商交易规模中的B2B与B2C占比

《2023年度中国跨境电商市场数据报告》显示，在跨境电商交易模式方面，2023年中国跨境电商的交易规模中跨境电商B2B交易占比达70.2%，跨境电商B2C交易占比29.8%。此外，2019—2022年模式结构（见图1-6）分别为：B2B（80.5%）、B2C（19.5%），B2B（77.3%）、B2C（22.7%），B2B（77%）、B2C（23%），B2B（75.6%）、B2C（24.4%）。近年来，跨境电商零售模式发展迅猛、政策助力等也带来了跨境电商中零售

模式占比的提升。

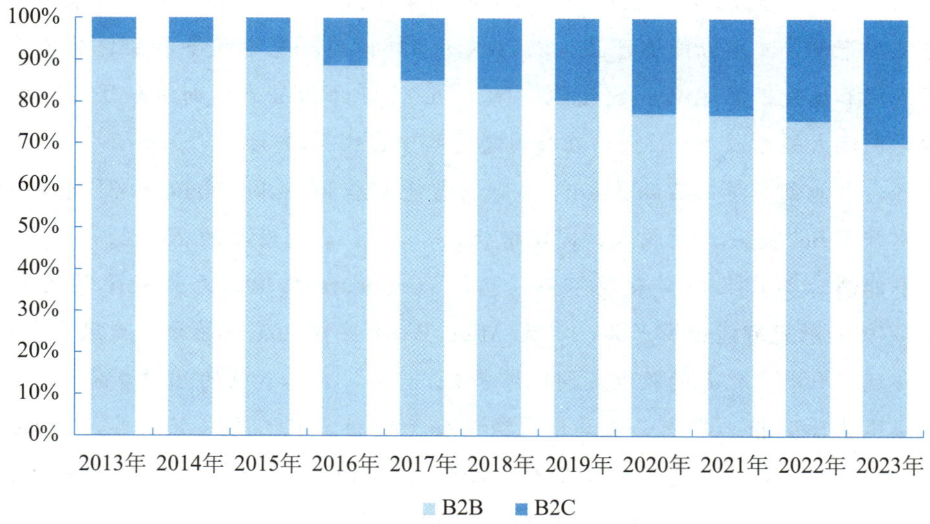

图 1-6　2013—2023 年中国跨境电商交易规模中的 B2B 与 B2C 占比

资料来源：网经社．2023 年度中国跨境电商市场数据报告［EB/OL］．2024-05-15.

数据解读

（1）B2B 模式在跨境电商交易规模中占比超过 70%，多年来一直是主导的商业模式。跨境电商 B2B 的商业模式在于去中间化，即去掉过多的销售环节，通过用户来反作用于生产方和品牌方。当前，阿里巴巴等各大电商平台正在加速布局该领域。

（2）越来越多的 B2C 跨境电商平台建立起来，跨过众多的中间环节而直接连接工厂与消费者，减少了交易环节，消除了信息不对称。B2C 模式化整为零，面向终端的销售模式比传统外贸方式更为灵活。

跨境电商作为一个新兴的行业，近年来获得大量的关注。在国家的顶层设计和地方政府的大力推动下，与跨境电商相关的政策层出不穷。从个人的草根创业到阿里巴巴、拼多多等巨头的全力出击，跨境电商这一市场上正演绎着激烈的市场争夺战。在这个创新的时代，跨境电商正引领传统外贸迈入一个新的时代。

行业洞察

安克创新：2024 年营收利润均大幅增长　户用储能业务发展迅猛

2025 年 4 月 29 日，全球化消费电子品牌安克创新发布了 2024 年全年财务报告以及 2025 年第一季度财报，业绩表现强劲。

2024 年，公司实现营业收入 247.10 亿元（人民币，下同），同比增长 41.14%；归母净利润达到 21.14 亿元，同比增长 30.93%；扣非归母净利润为 18.88 亿元，同比增长 40.50%。毛利率提升至 43.67%，较前一年增长 0.13 个百分点，反映出公司盈利能力和成本控制效率的进一步提升。

而在2025年第一季度，安克创新营业收入达59.93亿元，同比增长36.91%；归母净利润为4.96亿元，同比增长59.57%；扣非归母净利润达4.40亿元，同比增长39.36%。

分品类来看，充电储能类产品（以Anker品牌的数码充电设备和配件为主导），以及家用光伏和储能产品Anker SOLIX系列，在2024年为安克创新贡献了126.67亿元的收入，同比大幅增长47.23%，在公司总营收中占比高达51.26%。

此外，智能创新类产品涵盖eufy品牌的智能家居和AnkerMake的3D打印产品系列，则贡献了66.36亿元的收入，同比增长39.53%，占总营收的25.64%。

而智能影音类产品同样表现不俗，包括soundcore品牌的无线蓝牙耳机和音箱、Nebula品牌的激光智能投影产品，以及AnkerWork品牌的无线蓝牙麦克风和会议摄像头等，实现了56.92亿元的收入，同比增长32.84%，占总营收的23.04%。

分渠道来看，报告期内，亚马逊渠道为安克创新贡献了高达134.17亿元的营收，同比增长34.23%，占据总营收份额的54.30%。而除亚马逊外的第三方平台合计实现收入16.79亿元，同比增长57.33%。六大独立站（Anker、eufy、Soundcore、Nebula、AnkerWork、AnkerMake）合计实现收入25.04亿元，同比增长101.34%。

整体而言，线上渠道仍然是安克创新的主要销售场域，2024年其线上收入为176.00亿元，占比71.23%，同比增长43.01%；而线下收入为71.10亿元，占比28.77%，同比增长36.72%。线上渠道在体量与增速上均显著高于线下渠道。

财报透露，截至2024年12月31日，公司在全球共取得250项发明专利、1 030项实用新型专利、957项外观专利，专利授权累计2 237件，并有多项知识产权正在申请中。报告期内公司研发投入进一步提高至21.08亿元，同比增长49.13%，占同期营业收入的比重达到8.53%，研发人员占比53.08%（2 672人），在业内保持领先地位。

此外，财报显示，2024年，安克创新在消费级储能领域的产品线研发方面颇有进展，推出了一系列创新产品，覆盖了便携式储能业务（包含家庭备电和移动储能系列、户外露营系列）、阳台光伏储能解决方案以及户用储能解决方案。尤其是在阳台光储领域，安克创新已取得该品类销售额全球领先的市场地位。

而在渠道开拓方面，安克创新持续加速构建全球化线下销售网络：在北美市场，其已成功进驻沃尔玛、百思买、塔吉特、开市客等国际知名零售渠道；在日本市场，则与7－ELEVEn等本土零售巨头建立战略合作关系；在东南亚市场，已经新增多个城市的市场覆盖，成功入驻多家本地核心商超连锁系统。

据悉，安克创新成立于2011年，于2020年8月24日在A股创业板正式敲钟上市，被称为“跨境电商第一股”，其旗下拥有Anker品牌数码充电设备、eufy品牌智能家居产品、Soundcore品牌音频设备、Nebula品牌投影设备及AnkerMake品牌3D打印产品等多个子品牌。

资料来源：王昱．安克创新：2024年营收利润均大幅增长　户用储能业务发展迅猛［EB/OL］．(2025－04－29)［2025－05－14］．亿邦动力网．

实训练习

“独角兽”企业是投资行业的术语，是指创办时间相对较短、估值超过 10 亿美元的创新创业公司，少部分超过 100 亿美元的未上市企业，其商业模式较难被复制，广泛分布于人工智能、集成电路、医药健康、新消费、软件和信息服务等多个领域。表 1－1 是 2024 年中国跨境电商“独角兽”企业榜单。请利用互联网，分析你所看到的信息。

表 1－1 2024 年中国跨境电商“独角兽”企业榜单

排名	平台名称	所在行业	估值/亿元	成立时间	所在地
1	SHEIN	出口跨境电商	4 807	2014 年	广州市
2	空中云汇	跨境电商服务商	357	2015 年	北京市
3	行云集团	进口跨境电商	260	2015 年	深圳市
4	PatPat	出口跨境电商	205	2014 年	深圳市
5	KK 集团	进口跨境电商	195	2015 年	深圳市
6	Akulaku	跨境电商服务商	130	2014 年	深圳市
7	运去哪	跨境电商服务商	97.5	2012 年	上海市
8	PingPong	跨境电商服务商	85	2015 年	杭州市

资料来源：网经社．2024 年度中国跨境电商市场数据报告［EB/OL］．2025－05－29.

单元三 中国跨境电商出口的发展历程

一、中国跨境电商（广义）出口的发展历程

微课

中国跨境电商（广义）出口的发展历程

2013 年后，我们经常会在电视、报纸上看到“跨境电商”这个词。其实，在中国电子商务发展的早期就已经出现了跨境电商。1995 年 5 月，中国黄页成为最早为企业提供网页创建服务的互联网公司，拉开了中国电子商务发展的序幕。1997 年，中国第一个专注于特定在线内容的垂直网站——中国化工网成立。1999 年，中国成立了一批电子商务网站，除了携程网、易趣网（已于 2022 年 8 月停止运营）、当当网等，还有后来大名鼎鼎的阿里巴巴。阿里巴巴国际站成立于 1999 年，是阿里巴巴集团的第一个业务板块，也是中国最早出现的 B2B 跨境电商出口平台。由阿里巴巴集团投资创办的淘宝网成立于 2003 年 5 月。在之后几年，京东商城、天猫商城、苏宁易购等电商平台相继上线。中国跨境电商发展历程如图 1－7 所示。

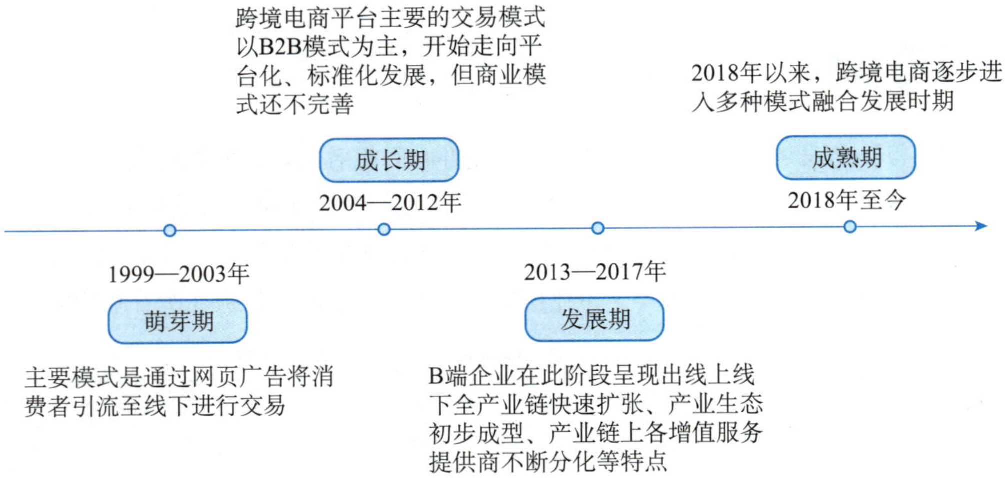

图 1-7　中国跨境电商发展历程

（一）萌芽期

萌芽期是跨境电商 1.0 阶段。这个阶段的商业模式是线上展示、线下交易的外贸信息服务模式。在这个阶段，第三方平台主要的功能是为企业及其产品提供网络展示服务，并不在网络上涉及任何交易环节。第三方平台的盈利模式主要是通过向企业收取会员费（如年服务费等）。在之后的发展中，这些平台逐渐衍生出竞价推广、咨询服务等，为供应商提供信息流增值服务。在跨境电商 1.0 阶段中，阿里巴巴国际站以及环球资源网是典型的代表平台。

（二）成长期

2004 年，随着敦煌网的上线，跨境电商 2.0 阶段来临。在这个阶段，跨境电商平台开始摆脱纯信息黄页的展示行为，将线下交易、支付、物流等流程电子化，逐步成为在线交易平台。

与第一阶段相比，第二阶段更能体现电子商务的本质，企业借助于电子商务平台，通过服务、资源整合有效打通上下游供应链，实现产业链的进一步缩短，增加了商品销售的利润空间。

在跨境电商 2.0 阶段，第三方平台不仅实现了营收的多元化，而且形成了后向收费模式，将原来的以收取会员费为主改为以收取交易佣金为主，即按成交效果来收取百分点佣金。同时，第三方平台通过为企业提供营销推广、支付、物流等服务获得增值收益。

2012 年后，政府相继出台了多项政策推动跨境电商的发展。2012 年，上海、重庆、杭州、宁波、郑州 5 个城市成为首批跨境电商试点城市，之后又增加了广州和深圳等。2013 年是跨境电商重要转型年，在这一年，商业模式发生了很大变化。

（三）发展期

在跨境电商 3.0 阶段，小额批发或零售出口平台的卖家群体由草根创业者向工厂、外贸公司转变，这些公司具有较强的生产设计管理能力。跨境电商平台销售的产品由网商二手货源向工厂一手货源转变。2016 年，国内最大的跨境电商零售平台——全球速卖通全面从 C2C 模式转型为 B2C 模式。

原来以大宗出口为主要业务的平台也从单一的信息发布平台转型为在线交易平台。目前，卖家群体仍处于从传统外贸业务向跨境电商业务的转型期，生产模式由大生产线向柔性制造转变。

（四）成熟期

在跨境电商 4.0 阶段，跨境电商逐步进入成熟期，并成为全球贸易的重要组成部分。精细化运营、本土化运营受到重视，新模式（线上线下结合、分销、直播带货等）持续渗透，尤其是在技术创新和应用方面，如人工智能、大数据、区块链等新技术的引入，极大地推动了跨境电商的创新发展。早期铺货式粗放运营的跨境电商几乎被市场淘汰，现在的跨境电商卖家更重视精细化、本土化、品牌化运营，如尝试线上线下结合、分销、直播带货、独立站等运营模式。

微课

中国跨境电商B2C出口的发展历程

二、中国跨境电商 B2C 出口的发展历程

从贸易模式来看，跨境电商零售（B2C）是一种颠覆传统国际贸易体系的创新。以往，中国企业的商品要销售到国外，通常需要通过国内出口商、国外进口商、批发商和零售商，才能最终到达国外消费者的手中。如今，基于电子商务技术，跨境电商穿越了时间和空间，让远在美国的 Tom、英国的 Ben 和巴西的 Leo 可以随时买到中国商家直接销售的商品。这种创新让跨国贸易变得简单、轻松。虽然在当前国际贸易总额中，跨境电商零售占据的比重并不是太大，但是从趋势来看，跨境电商零售正以强劲的势头发展，发展速度远超传统贸易。

（一）美国 eBay 店阶段

1995 年，美国的亚马逊和 eBay 上线，并逐步发展成综合性的电子商务平台。在 2000 年左右，中国出现了第一批从事跨境电商零售的人。他们利用 3C 数码等产品在中国市场和美国市场的价差，将中国的产品批发到美国，然后在美国的 eBay 网站从事零售业务。我们将这一阶段称为美国 eBay 店阶段。

（二）中国 eBay 店阶段

在之后的几年，随着 eBay 进入中国市场，越来越多的中国卖家注册了 eBay 店铺，但是由于物流和支付条件有限，行业规模较小。当时，中国的跨境零售电商刚刚起步，卖家在平台上发布一两张图片和简单的物品描述，就直接展示给消费者。该阶段的物流方式也较简单，卖家直接从中国发邮政小包，体积小、重量轻、货值相对较低，以贝宝（PayPal）作为基本的收付款方式。

（三）行业启动期

2007 年之后，Dealextreme（简称 DX）、兰亭集势、米兰网等国内跨境电商平台陆续上线，尤其是 2010 年全球速卖通平台上线后，跨境电商零售的环境逐渐成熟。2008 年后，受到国际金融危机的影响，传统外贸受到了很大的冲击，但是跨境电商的 B2C 出口却逆势上扬。

（四）行业爆发期

在 2013 年后，跨境电商 B2C 出口迎来了行业爆发期。国家相继出台了一系列政策予以支持。例如，商务部等部门在 2013 年发布了《关于实施支持跨境电子商务零售出口有关政策的意见》，针对出现的问题，在海关监管模式、检验监管模式、收结汇、电子支付、税收、出口信用体系等方面提出了具体的解决措施。政策法规的完善进一步促进了行业的发展。

近年来，AliExpress、SHEIN、Temu 及 TikTok Shop 等跨境电商平台快速发展，商业模式在市场竞争中迅速迭代。“出海四小龙”背靠中国优质的供应链，以性价比及社交营销策略扩大用户群，在欧美成熟市场和新兴市场中均赢得一席之地。全托管模式热潮的兴起以及半托管模式的探索，使海外用户规模迅速增长。截至 2023 年 10 月，Temu 和 SHEIN 的电商平台的合计用户总量逼近亚马逊用户数的 90%，增长势头持续，全球影响力不断提升。

如今，我国跨境电商 B2C 行业经历了 20 余年发展，“中国智造”企业正在加速出海。随着海外网购普及度提高和国际物流仓储及服务便捷性提升，在国内跨境出口政策利好等多重因素的影响下，我国跨境电商 B2C 的市场规模正在持续扩大。

行业洞察

从服饰到皮带，看全国产业带在 SHEIN 的出海新故事

当下，依托于供应链优势和产业集群，服装、饰品、时尚配件、鞋包等特色产品千帆竞发，卖家们正纷纷投身跨境电商平台，逐渐挥别争抢订单的“内卷”时代，把握住国际电商零售业务的确定性增长，跨境电商发展的蓬勃动能也在不断释放。

据悉，SHEIN“希有引力”2024 全国产业带赋能计划也在提速推进。仅在 6 月，SHEIN 就在广东、福建、江苏、浙江、山东等制造业强省的 13 个城市、20 多个重点产业带举办了近 20 场招商及合作活动，涵盖家电、家装、服饰、百货、玩具、婴童、宠配等众多品类，预计 2024 年内 SHEIN 将在全国产业带举办多达 150+场招商与赋能出海活动。

从卖全国到卖全球，产业带卖家在 SHEIN 解锁出海新增长

对于时尚产业带卖家来说，SHEIN 提供的合作模式出单快、回款周期短，不仅订单稳定，还能将他们的时尚产品精准触达海外潮人圈层。SHEIN 自主品牌及平台调性

本身吸引了大量的海外年轻消费群体，在时尚消费领域优势显著。在 2024 年 5 月，第三方数据平台 ECDB 发布的 2023 年美国时尚电商排名中，SHEIN 位列榜单第三位，仅次于亚马逊和沃尔玛，排在美国传统零售巨头梅西百货及知名品牌耐克之前；据权威机构 PYMNTS 的榜单统计，SHEIN 还连续 7 个月问鼎全球购物类应用排行榜。其在海外市场不断提升的影响力及渗透率，也为国内产业带带来了真金白银的大笔订单，不少近两年入局的卖家都感受到了自身公司业务和行业升级的突飞猛进。

“小单”测试跑出大市场，产业带 SHEIN 式数字化柔性升级

随着跨境电商与产业带合作的日渐紧密，SHEIN 引领的柔性生产也越来越多地裂变到全国更多的产业带，成为传统制造数字化升级的方向。尤其在服装和配饰等非标品类的产业所在地，原材料供应充足、生产制造配合紧密，能够快速响应市场变化。不少产业带企业开始以市场需求为导向创造具有更高价值的产品，以“小单”测试，跑出大市场。

剑指全球机遇，全球品牌从全国产业带破土而出

当下，跨境电商对产业创新的重要作用日益凸显，除了海外订单的高效承接、生产模式的转型升级，不少产业带卖家也开始意识到品牌的重要性，与其投入在阴晴不定的“一锤子买卖”上，倒不如以好产品为基石，创立品牌，提升在国际贸易中的议价能力，跳出“只卷价格”的循环，推动生意增长。

在与产业带的双向奔赴下，国内越来越多的生产制造企业已经通过 SHEIN 这样的跨境平台找到了优质产品与品牌的出海路径。自 2021 年以来，SHEIN 平台已有来自超过 20 个省份、300 多个城市的产业带卖家入驻。未来，SHEIN 还将加速深入全国产业带，开展更多场招商与赋能活动，多品类即将迎来出海新机遇。跨境生意带来的产业活力正流淌于一个个城市、小镇和工厂里，中国产品与品牌出海的“新外贸”故事仍然值得期待。

资料来源：磐石．从服饰到皮带，看全国产业带在 SHEIN 的出海新故事［EB/OL］.（2024－06－20）［2024－11－23］．金融界.

实训练习

目前，阿里国际数字商业已经有了一套相对完整的业务矩阵。在出口方面，有面向企业客户的阿里巴巴国际站，面向个人消费者的 AliExpress、Lazada、Trendyol 等平台；在进口方面，有面向企业客户的 1688 和面向个人消费者的天猫国际。

请利用互联网，了解图 1－8 中的四个代表性网站的发展历程与现状，并浏览这些网站，实际感受它们在业务模式上的差别。

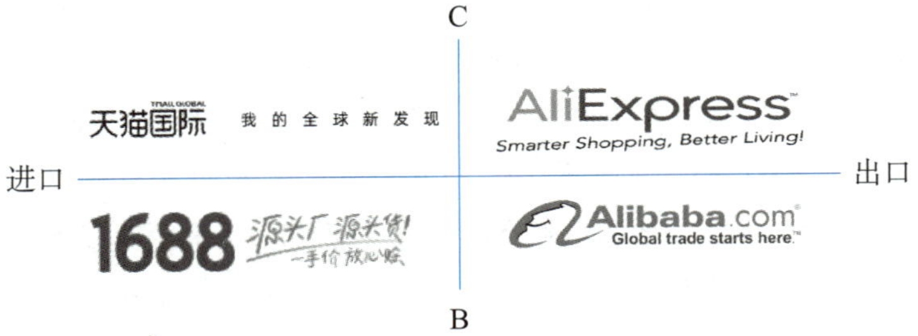

图 1-8　四个代表性网站

模块练习

一、判断题

1. 跨境电商是指分属于不同关境的交易主体，通过电子商务的手段将传统进出口贸易中的展示、洽谈和成交环节电子化，并通过跨境物流送达商品，完成交易的一种国际商业活动。(　　)

2. 随着经济全球化和信息技术的迅猛发展，电子商务日益成为国际贸易最重要的手段。(　　)

3. 跨境电商缩短了对外贸易的中间环节，提升了进出口贸易的效率，为小微企业提供了新的机会。(　　)

4. 近年来，我国对跨境电商的政策支持力度不断加大，利好政策持续出台。(　　)

5. 随着跨境电商迈入全新发展阶段，平台流量红利见顶，跨境卖家正在积极寻找新的增量入口。(　　)

6. 目前，跨境电商卖家主要采用铺货式粗放运营，如尝试线上线下结合、分销、直播带货、独立站等运营模式。(　　)

二、不定项选择题

1. (　　)在中国跨境电商交易规模中的比重最大，占跨境电商交易规模的比重超过 70%。虽然(　　)只占跨境电商交易规模的 30%左右，但却是增长最为迅速的部分。

A. B2B　　B. B2C　　C. C2C　　D. C2B

2. 广义的跨境电商产业链主要包括(　　)。

A. 出口跨境电商　　B. 进口跨境电商

C. 跨境电商服务商　　D. 国内批发电商

3. 国际贸易在国家经济发展中主要发挥了哪些作用?(　　)

A. 调节国内生产要素的利用率　　B. 改善国际供求关系

C. 调整经济结构　　　　　　　　D. 增加财政收入

4. 跨境电商对我国的对外贸易发挥了哪些作用？（　　）

A. 有利于传统外贸企业转型升级

B. 缩短了对外贸易的中间环节

C. 为小微企业提供了新的机会

D. 有利于中国制造应对全球贸易新格局

5. 跨境电商 B2C 的市场规模持续扩大的主要原因有哪些？（　　）

A. 海外网购普及度提高　　　　　　B. 国际物流仓储及服务便捷性提升

C. 国内跨境出口政策利好　　　　　D. 全球经济形势繁荣

知识拓展

跨境电商的出口模式——9610 模式和 1210 模式

一、9610 模式

（一）9610 模式是什么

9610 是一个四位代码，前两位是按海关监管要求和计算机管理需要划分的分类代码，后二位为海关统计代码。“9610”全称“跨境贸易电子商务”，简称“电子商务”，行业俗称“集货模式”，也就是我们常说的 B2C（Business to Consumer）出口。

9610 模式适用于境内个人或电子商务企业通过电子商务交易平台实现交易，并采用“清单核放、汇总申报”模式办理通关手续的电子商务零售进出口商品（通过海关特殊监管区域或保税监管场所一线的电子商务零售进出口商品除外）。

（二）9610 的出口模式

9610 模式以小包、单个包裹发货，适合从境内直邮到消费者，由物流公司运输到指定的口岸清关以后，经海关查验后放行，就直接进行委托派送，无须入仓（如平台仓）。物流时间将会被压缩，时效更快。

对比 1039、0110、9810、9710 等出口模式，在时效上，9610 可能是最适合小包直邮的跨境电商企业出口模式。

（三）9610 模式的申报

1. 清单核放，汇总申报

（1）清单核放：跨境电商出口企业将“三单信息”（商品信息、物流信息、支付信息）推送到单一窗口，海关对“清单”进行审核并办理货物放行手续，通关效率更高、通关成本更低。

（2）汇总申报：跨境电商出口企业定期汇总清单形成报关单进行申报，海关为企业出具报关单退税证明，解决企业出口退税难题。

2. 申报方式

（1）简化申报：根据海关总署相关规定，对出口不涉及出口征税、出口退税、许可证件管理且单票货值 5 000 元以下的 B2C 电商商品，电商企业可以按照《中华人民共和国进出口税则》四位税则号申报，简化了企业出口申报手续，提高了通关效率。

对于简化申报的后续，企业是不能汇总报关单的，所以也无法进行收汇和退税操作。这相当于给现在的跨境企业留出一个渠道：无发票的企业也可以根据其他相关凭证和证明向海关正式、合规地申报。

跨境电商企业使用此方式也只能实现部分合规而已，且清单的简化申报是不体现跨境电商企业抬头的，这将不利于跨境电商企业出口数据的累计。

（2）汇总申报：跨境电商企业在取得了有效进项增值税发票的情况下，按照 9610 模式正式申报流程进行报关，后续可以汇总报关单，并可通过报关单进行收汇及退税操作。汇总申报体现了电商抬头，有利于跨境电商企业累计出口数据，实现良性发展。

使用此种方式，由于采购合规、报关合规、收汇合规，跨境电商企业后续也可以轻松实现出口退税操作，进一步提升利润空间。

（四）9610 模式出口的优势

（1）阳光的通关方式：正规、合法的监管模式，促进跨境电商企业进出口阳光化发展。

（2）便利的通关流程："清单核放"保证通关效率，解决跨境出口订单数量少、批次多的问题。

（3）经济的通关成本："汇总申报"定期汇总报关，节约通关成本，解决跨境电商企业出口逐个包裹报关成本高的问题。

（4）便捷的退、免税操作：跨境电商申报信息可作为税务附报内容，支持跨境电商企业出口无忧退、免税。

（5）配套且完整的资金结算：配套外汇资金收结汇服务，依托海关结关数据，快捷回流货款，缓解跨境电商企业出口资金压力。

二、1210 模式

（一）1210 模式是什么

"1210"海关监管方式，全称为"保税跨境贸易电子商务"，简称"保税电商"，行业俗称"保税备货模式"，即跨境电商企业可以将尚未销售的货物整批发至国内保税物流中心，再进行网上零售，卖一件，清关一件。对于没卖掉的货物，跨境电商企业无须报关，可直接退回国外。

（二）1210 模式的适用范围

该监管方式适用于境内个人或电子商务企业在经海关认可的电子商务平台实现跨境

交易，并通过海关特殊监管区域或保税监管场所进出的电子商务零售进出境商品［海关特殊监管区域、保税监管场所与境内区外（场所外）之间通过电子商务平台交易的零售进出口商品不适用该监管方式］。

“1210”监管方式用于进口时仅限经批准开展跨境贸易电子商务进口试点的海关特殊监管区域和保税物流中心（B型）。

海关特殊监管区域包括综合保税区、保税港区、保税区、跨境工业区。

（三）1210 模式出口的优势

1. 退货

跨境电商企业通过 1210 模式出口的货物，可以退回保税区进行重新清理、维修、包装后再销售。对于跨境电商企业而言，国内仓储和人工费用相对便宜，可以节约成本。

2. 买全球、卖全球

跨境电商企业在境外采购的货物，可以进入保税区存放，然后根据需要，将产品以包裹的方式清关后寄递给境内外的客户。这样既减少了通关单的麻烦，也节省了关税，还减少了卖家资金的占用。

（四）允许开放的地区

1210 模式允许开放的地区包括北京、天津、上海、唐山、呼和浩特、沈阳、大连、长春、哈尔滨、南京、苏州、无锡、杭州、宁波、义乌、合肥、福州、厦门、南昌、青岛、威海、郑州、武汉、长沙、广州、深圳、珠海、东莞、南宁、海口、重庆、成都、贵阳、昆明、西安、兰州、平潭等城市。

（五）1210 模式的进口流程

（1）搭建系统：按要求建立计算机管理系统，并交换电子数据。

（2）办理企业信息注册登记：参与跨境电子商务零售进口业务的企业应提前向所在地海关办理企业信息登记或注册登记。

（3）参与跨境电子商务零售进口业务的企业应到所在地方电子口岸办理“跨境电子商务统一版信息化系统”数据接入手续。

（4）对接数据传输系统，并设立专用的跨境物流账册。

（5）办理税款担保和进出口手续。

模块二 主流跨境电商平台

学习目标

知识目标

1. 了解跨境电商平台的类型
2. 了解主流跨境电商平台的主要特点
3. 了解中国企业品牌出海的主要方式

技能目标

1. 能够区分跨境电商 B2B 平台和 B2C 平台的运营模式
2. 能够利用互联网搜索跨境电商平台的相关信息

素养目标

1. 培养全球视野
2. 培养对国际贸易行业的职业认同感
3. 增强民族自豪感和自信心

单元一 主流跨境电商平台的类型

一、按照商品流向分类

微课

主流跨境电商平台的类别

按照商品流向，跨境电商平台可以分为进口跨境电商和出口跨境电商两大类。

（一）进口跨境电商

进口跨境电商是“从外到内”，即从国外进口商品到国内。进口跨境电商主要由国内商家或企业担任国外品牌的代理或经销商角色，它们将国外品牌的产品引进国内进行销售，主要目标客户群体是国内消费者。目前，越来越多的进口跨境电商卖家选择利用本土电商平台进行销售，如天猫全球购、京东全球购、洋码头、顺丰海淘等。

（二）出口跨境电商

出口跨境电商则是“从内到外”，即将国内的商品销售到国外。出口跨境电商是国内商家或企业通过电子商务平台，将商品直接销售给海外的消费者或企业。常见的出口跨境电商平台有阿里巴巴国际站、全球速卖通、亚马逊、eBay 等。

二、按照交易对象分类

按照交易对象，跨境电商平台可以分为 C2C 平台、B2C 平台和 B2B 平台三大类。

（一）C2C 平台

C2C 是指个人用户对个人用户的模式。其中 C 指代 Customer 或者 Consumer（意为消费者），又因为数字 2 的英文发音和 to 一样，所以 Customer to Customer 或 Consumer to Consumer 被简写为 C2C。举个例子来说，个人用户 A 通过电子商务平台将物品出售给个人用户 B，此种交易类型就称为 C2C 模式。C2C 平台面向个人开放注册，向卖家收取商品展示费和交易服务费，一般不参与洽谈与物流等交易环节。C2C 平台的特点是商品种类多、门槛低、利润较高。这类模式的代表性平台有 eBay（针对个人卖家）、Etsy 等，类似于国内的淘宝网、闲鱼。

（二）B2C 平台

B2C（Business to Consumer）是指商家直接面向消费者，也就是商业零售。企业通过电子商务平台直接将产品和服务提供给终端消费者，这也是跨境电商平台中常见的模式。B2C 平台以收取交易佣金为主，以收取店铺订阅费、广告费为辅。B2C 平台的特点是门槛较低、支付方式灵活、利润较高。这类模式的代表性平台有亚马逊、全球速卖通、SHEIN、eBay（企业卖家）等，类似于国内的天猫商城、京东商城。

（三）B2B 平台

B2B（Business to Business）是指企业与企业之间通过电子商务平台，进行数据信息的交换、传递，开展交易活动的商业模式。B2B 平台主要是为境内外会员搭建网络营销平台，传递生产商、供应商、采购商及合作伙伴的商品或服务信息。B2B 平台是历史悠久、成交额大的交易平台，占据主体地位。这类模式的代表性平台有阿里巴巴国际站、环球资源网、中国制造网等。

三、按照销售经营模式分类

按照销售经营模式，跨境电商平台可以分为纯平台、自营＋平台、自营三大类。

（1）纯平台作为独立运营的第三方，一般不参与采购、配送等交易环节，但是其在市场影响力及服务体系等方面较为完备，如全球速卖通等。

（2）自营＋平台企业一方面靠自营产品盈利，另一方面作为平台提供方收取佣金，类似国内的京东商城，既有自营板块，又有开放给其他卖家的非自营板块。

（3）自营企业通过自营产品盈利，往往涉足采购和配送等领域，如早期的兰亭集势、米兰网等。

四、按照业务专业性分类

按照业务专业性，跨境电商平台可以分为综合型跨境电商平台和垂直型跨境电商平台。

（1）综合型跨境电商平台的业务呈现多元化，用户流量及商家商品数量较大，如阿里巴巴国际站、全球速卖通、亚马逊等。

（2）垂直型跨境电商平台的业务比较专业化。这一类型的平台专注于核心品类的精耕细作，如全球化工网、Wayfair 等。

实训练习

按照不同的标准，跨境电商平台可以分成不同的类别。请同学们利用互联网，了解下列跨境电商平台，并将相关内容填入表 2-1。

表 2-1 跨境电商平台的多维度分类表

平台名称	商品流向	交易对象	销售经营模式	业务专业性
阿里巴巴国际站				

续表

平台名称	商品流向	交易对象	销售经营模式	业务专业性
全球速卖通				
亚马逊				
eBay				
SHEIN				
Temu				
TikTok Shop				
全球化工网				

单元二　主流跨境电商 B2B 平台

1999 年，阿里巴巴在杭州成立。早期的阿里巴巴由几大业务群组成，其中，阿里巴巴中国站定位于国内贸易，最终演变成如今的 1688. com；国际站则随着中国外贸的发展，成为全球贸易中最具影响力的跨境电商 B2B 网站。

2008 年金融风暴席卷全球，在全球经济严重下滑的这一年，中国的各个跨境电商 B2B 平台都面临严峻的挑战。阿里巴巴投入大量资金进行全球的市场推广活动，并推出了“出口通”服务，成功渡过了难关。成立于 1971 年的环球资源一直致力于促成国际贸易，在展会方面取得了很大的成功，展会已成为环球资源的支柱业务。成立于 1998 年的中国制造网在金融危机后也步入发展瓶颈，收费会员数量一直没有显著增长。针对危机，中国制造网将服务拓展到线下，并定位于外贸综合服务商。2004 年成立的敦煌网则一直坚持“小额外贸 B2B 批发平台”的定位。虽然成立之初，敦煌网的经营模式并未获得更大的成功，但是金融危机发生后，贸易碎片化成为一种趋势，使得敦煌网迎来良好的外部发展契机。近年来，敦煌网积极谋求向“中大额贸易平台”转型，并向品牌服务商迈进。

一、阿里巴巴国际站

阿里巴巴国际站是阿里巴巴集团的第一个业务板块，也是中国最早出现的跨境电商 B2B 出口平台之一，帮助了很多中小企业拓展国际贸易市场。如果说 eBay 代表 C2C 电商模式，亚马逊代表 B2C 电商模式，那么创立之初的阿里巴巴则代表 B2B 电商模式。阿里巴巴国际站中文招商页面如图 2-1 所示。

微课

主流跨境电商 B2B 平台——阿里巴巴国际站

图 2-1　阿里巴巴国际站中文招商页面

阿里巴巴国际站作为领先全球的跨境电商 B2B 平台，打破了传统的贸易边界，为全球 200 多个国家或地区的数千万人及中小企业提供了平等的网上贸易平台。

阿里巴巴国际站的业务主要经历了三个阶段。

（1）阿里巴巴国际站早期的定位是“365 天永不落幕的广交会”，为大宗贸易做产品信息的展示。在最初 10 多年的发展历程中，阿里巴巴国际站的业务以买卖信息撮合为主。

（2）阿里巴巴国际站收购了一达通，为商家提供通关等方面的便利化服务，并在这个过程中开始沉淀数据。2015 年 3 月，阿里巴巴与一达通正式推出信用保障服务，从此，阿里巴巴国际站从跨境电商 B2B 信息平台积极向跨境电商 B2B 交易平台转型。

（3）阿里巴巴国际站将此前沉淀的数据形成闭环，尝试运用数字化技术重构跨境贸易。对于跨境电商 B2B 平台来说，要从信息平台转型成为交易平台不像 B2C 平台那么容易。一方面，跨境电商 B2B 平台涉及繁杂的关务流程，平台需要耗费大量的人力和物力进行处理；另一方面，跨境电商 B2B 平台涉及大额贸易，平台难以单独承担潜在的违约风险。

从 1999 年至今，阿里巴巴国际站经历了多次变革，涉及服务项目的调整和平台规则的变化。系统地看，阿里巴巴国际站提供的服务无外乎六大板块：基础企业建站、买卖沟通、获取商机、交易保障、物流服务和增值服务。

（一）基础企业建站

在网站建设方面，阿里巴巴国际站帮助出口商打造专属的国际网站。出口商可以全方位展示企业相关信息，如公司介绍、产品详情等。为了使国外采购商能够信任网站上的企业信息，阿里巴巴国际站提供了实地认证服务，通过第三方专业机构对出口商进行实地验厂，保证展示信息真实可靠。阿里巴巴国际站会员服务内容如图 2－2 所示。

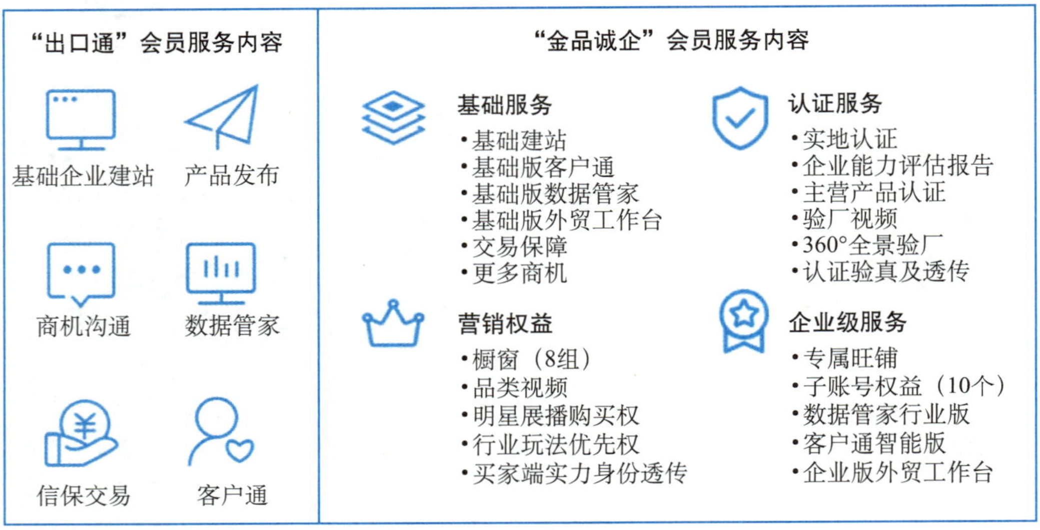

图 2－2　阿里巴巴国际站会员服务内容

“出口通”是阿里巴巴国际站的基础会员产品，面向海外买家展示产品制造能力和企业实力，进而获得贸易商机与订单。“出口通”基础服务费是 29 800 元/年（另外还需 6 000 元/年的 AI 智能助手费用和预存 10 000 元直通车广告费）。

“金品诚企”是经阿里巴巴国际站权威实力验真的优质供应商，通过线上线下结合的方式，平台对商家的企业资质、商品资质、企业能力等全方位实力进行认证验真和实力透传。除享有“出口通”会员服务外，“金品诚企”会员还享有专属营销权益、专属前台场景及丰富的工具权益。目前，“金品诚企”市场价格为 8 万元/年，AI 版本是 9 万元/年。

（二）买卖沟通

在买卖沟通方面，阿里巴巴国际站的 TradeManager（阿里旺旺的国际版）能够让买方和卖方进行即时通信。为了满足外贸人员移动办公的需要，阿里巴巴国际站还推出了“阿里卖家”App（见图 2－3），该 App 涵盖新询盘实时提醒、新 RFQ（Request for Quotation）实时提醒、TradeManager 实时在线等功能。

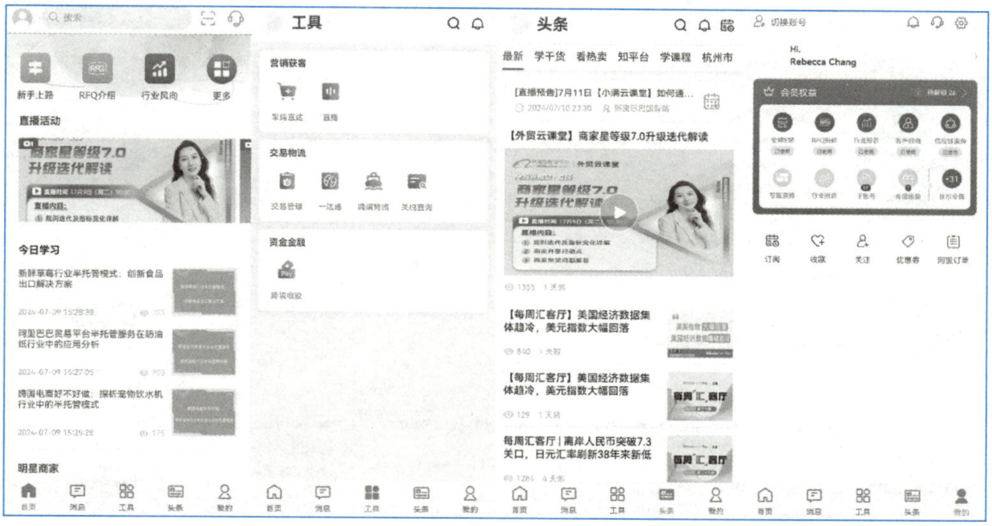

图 2－3　“阿里卖家”App

（三）获取商机

在获取商机方面，阿里巴巴国际站提供采购直达、多语言站点、在线批发等服务。“采购直达”即 RFQ，是指海外采购商主动填写采购信息，以委托阿里巴巴国际站寻找合适供应商。RFQ 可以让买卖双方的匹配更加高效，其已经成为出口商获取订单的重要入口 RFQ。采购商界面和供应商界面分别如图 2－4、图 2－5 所示。

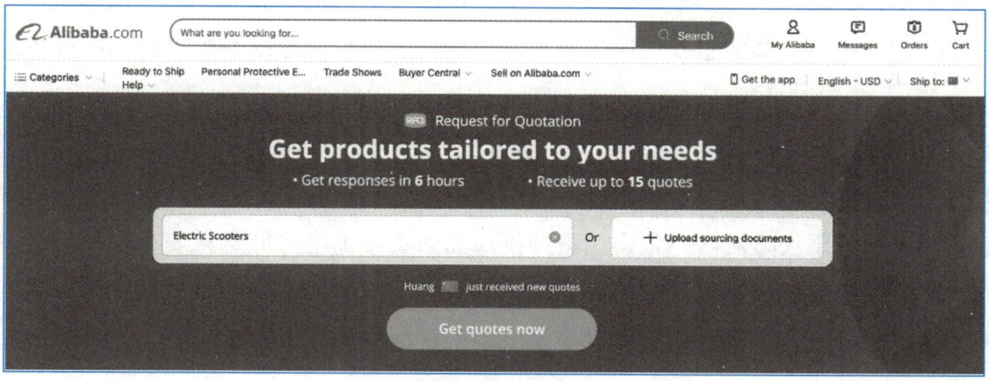

图 2－4　RFQ 采购商界面

“多语言站点”是独立于阿里巴巴国际站英文站的一系列小语种网站，包括西班牙语、葡萄牙语、法语、俄语等语种。其中，在西班牙语、日语、葡萄牙语、法语、俄语、阿拉伯语、德语、意大利语、越南语、土耳其语、韩语等站点，供应商可以自主发布产品，搜索排名优先；在泰语、荷兰语、希伯来语、印度尼西亚语、印地语等站点，只能基于英文站自动翻译产品。

阿里巴巴全球批发（Ready to Ship，RTS）商品是支持买家直接在线下单的商品。阿里巴巴国际站增设的 RTS 频道是为了满足订单碎片化需求而推出的。对于大型出口

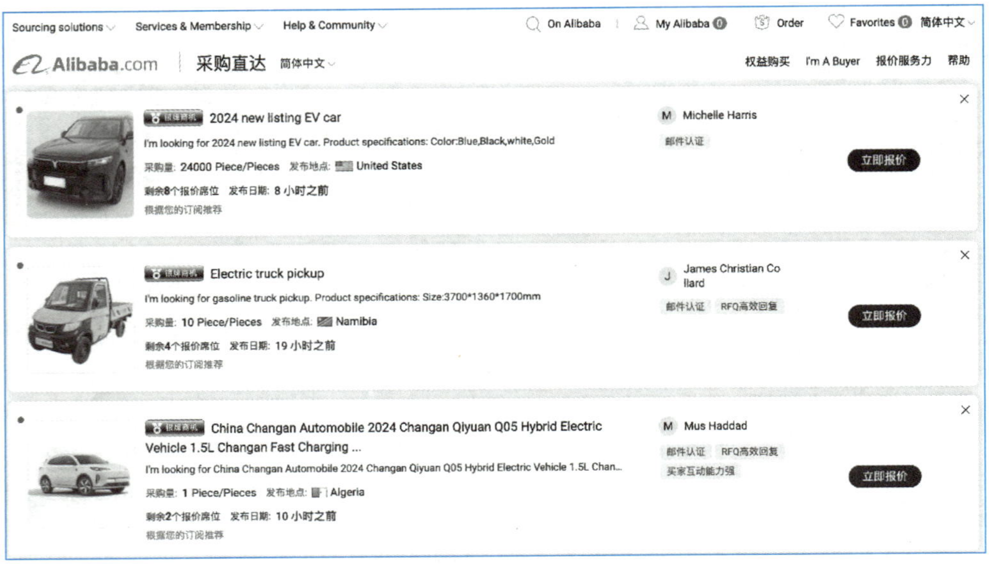

图 2-5　RFQ 供应商界面

商而言，小额贸易有助于消化库存；对于小企业而言，尤其是做 B2C 出口的卖家，在线批发有望成为一个新的业务增长点。

（四）交易保障

在交易保障方面，阿里巴巴国际站针对小额在线贸易提供在线支付服务，即 Secure Payment（原 Escrow）；跨境供应链的综合服务，为出口商提供低成本的通关、结汇、退税及配套的物流、金融服务；信保服务可以在线上交易的时候为买家提供额度内的退款保障。

信用保障（Trade Assurance，TA）是阿里巴巴旗下专业的跨境 B2B 交易体系，是阿里巴巴集团根据每个供应商在国际站上的基本信息和贸易交易额等其他信息综合评定并给予一定的信用保障额度，致力于帮助供应商向买家提供跨境贸易安全保障服务。我们可以将信用保障服务简单理解为国际站中的一种交易方式，这种交易方式可以给买卖双方带来更多保障。信用保障服务对于卖家的优势体现在以下几个方面：

1. 彰显信用

阿里巴巴国际站会展示信用保障服务的独特专属标识（见图 2-6）及信用保障额度，买家可以通过标识与额度直观地看到卖家的信用状况。

图 2-6　店铺首页展示的“信用保障服务”标识

2. 促进交易

信用保障服务是阿里巴巴国际站替卖家向买家提供第三方保证，可以更快速地获得买家信任，帮助双方更快达成交易。

3. 交易积累

通过信用保障服务，供应商走单量不断上升，信用额度不断积累，从而能够更好地向买家彰显实力。

（五）物流服务

在物流服务方面，阿里巴巴国际站提供海运、空运、陆运及快递服务。阿里巴巴集团出资收购一达通后，物流服务集成在“阿里巴巴国际站跨境供应链”（见图 2－7）中。

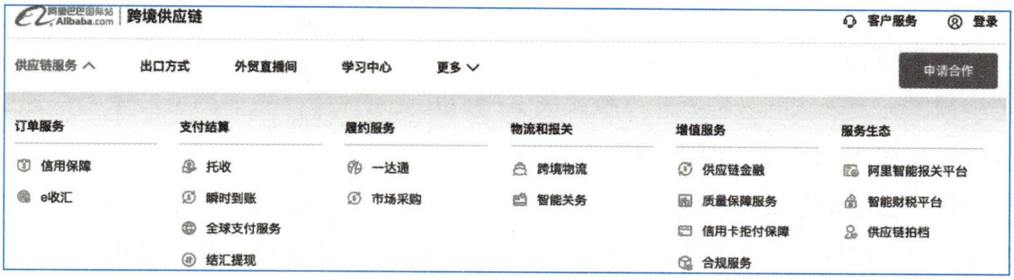

图 2－7　阿里巴巴国际站跨境供应链服务

（六）增值服务

在增值服务方面，“金品诚企”、外贸直通车（P4P）、顶级展位及金融服务是重点。“金品诚企”在前文“基础企业建站”部分已经有所介绍。外贸直通车与淘宝直通车类似，为出口商提供关键词竞价等付费推广服务。顶级展位是关键词搜索排名最靠前的广告位，主要针对热门关键词开放。对于金融服务，阿里巴巴推出的超级信用证、网商流水贷、备货融资等覆盖了出口贸易不同阶段的绝大部分资金需求。

二、敦煌网

微课

主流跨境电商 B2B 平台——敦煌网

敦煌网（DHgate）成立于 2004 年，是中国最早从事跨境在线小额批发的平台之一。敦煌网的运营模式和阿里巴巴国际站的运营模式有很大的差别。敦煌网的 Logo 如图 2－8 所示。

DHgate.com Buy Globally · Sell Globally

图 2－8　敦煌网的 Logo

在早期的跨境电商平台发展过程中，无论是阿里巴巴国际站、环球资源网还是中国制造网，采用的都是收费制会员模式。这些平台属于 B2B 信息发布平台，并不直接参与交易过程。这些平台通过集中大量的出口商家，让海外买家能够轻松地找到适合的供应商。这些平台的盈利来源于商家的会员费。敦煌网开创了一种全新的模式，主要面向小额批发的供应商和小额采购的买家，通过连接国内卖家和国外买家，线上促成交易并在线完成支付，以买家支付的交易佣金为主要盈利来源。虽然阿里巴巴国际站和敦煌网都是B2B平台，但阿里巴巴国际站针对的是大额的传统外贸订单，敦煌网的订单额则要小很多。

发展之初，敦煌网的模式未能获得业内的认可，一开始的发展并不顺利。一方面，当时我国传统大宗出口贸易形势稳中向好，我国出口商只要维护好已有客户，再通过阿里巴巴国际站或者广交会拓展新客户，就能获得丰厚的报酬。在这种情况下，出口商不愿意花费精力在几百美元的小额外贸单上。另一方面，国内电子商务处于飞速发展的阶段，卖家通过淘宝网就能获得丰厚收益，从事小额外贸业务的意愿并不强烈。

直到2008年金融危机的爆发导致外贸订单的碎片化，越来越多的国外进口商开始尝试小额度、多频次的采购方式以缓解成本压力并规避风险。敦煌网也迎来了快速发展的阶段，并在2011年开始实现盈利。

与阿里巴巴国际站要求供应商必须是在市场监管部门注册的法人企业不同，敦煌网允许个人注册店铺。也就是说，敦煌网上存在的供应商并非传统意义上的供应商，而是更趋向于从事电商贸易的个人或者企业。敦煌网上成交的订单大多是几十美元到几百美元的小单，所以，我们将敦煌网理解为“B2小B”网站也就不足为奇了。

2019年2月20日前，注册敦煌网的会员开通店铺是不需要基础会员费的，只有在成交后，敦煌网才会根据成交的金额收取一定比例的佣金。与跨境电商零售平台不同，敦煌网的佣金是由买家在交易成功后支付。因此，在很长的一段时间，在敦煌网上做生意几乎是零成本的。自2019年2月20日起，敦煌网开始对新注册的店铺收取平台使用费，之后又根据不同的店铺等级制定了不同的收费标准。目前，敦煌网针对“启航店铺”（基础服务档位），收取1 399元/年的平台使用费；针对“星航店铺”（进阶服务档位），收取3 666元/年的平台使用费。从平台使用费的金额来看，敦煌网不仅比阿里巴巴国际站29 800元的基础会员费低很多，而且比其他跨境电商零售平台的基础会员费要低一些。

目前，敦煌网仍然面临着很大的挑战。一方面，从模式上看，相对于B2C跨境零售平台，敦煌网的模式实际上是B2B2C，而电商的本质优势就是中间环节的减少。多了一个环节的敦煌网面临着众多跨境电商B2C平台的激烈竞争。另一方面，敦煌网在支付、物流方面都要依靠第三方，无法像阿里巴巴那样形成紧密的生态圈。例如，2012年8月，当时属于eBay旗下的国际第三方支付公司PayPal中止了与敦煌网的合作，这一事件既影响了敦煌网的订单转化率，也给敦煌网的海外推广带来了非常大的不便。

敦煌网的买家有相当一部分是个人，这使整个平台很像一个跨境电商B2C平台，但是，敦煌网更愿意坚持 B2B 模式。由于跨境电商 B2B 行业的市场规模远远大于 B2C，而且更容易获得政府各项政策的支持，因此，在最近几年，敦煌网积极谋求向“中大额贸易平台”转型，努力提高客单价。敦煌网在 2018 年后多次调整不同类目的佣金率，根据单笔订单金额采用“阶梯佣金”的收取方式，从而鼓励买家提高单笔订单金额。

（1）单笔订单金额＜＄300，平台佣金率为 12.5%～25%（中国品牌手机、土耳其合作伙伴专用类目按 5.5%收取）；

（2）单笔订单金额≥＄300 且＜＄1 000，平台佣金率为 4%～8%（中国品牌手机、土耳其合作伙伴专用类目按 1.5%收取）；

（3）单笔订单金额≥＄1 000，平台佣金率为 0.15%～3.5%。

行业洞察

浙江：以“丝路电商”扩展“一带一路”经贸合作

浙江是全国电子商务生态链最完整、最活跃的地区之一。浙江积极将跨境电商发展优势转化为推动“丝路电商”合作优势，开辟外贸发展新空间，推动高质量共建“一带一路”。

统筹谋划“丝路电商”发展

浙江持续加大对跨境电商政策支持，推出“店开全球”跨境电商万店培育专项行动，推动解决“开店难”问题；印发并实施全国首个省级跨境电商高质量发展行动计划，推动跨境电商固根基、扬优势、补短板、强弱项；出台全国首个省级跨境电商自主品牌培育政策，以品牌的力量提升浙江跨境电商发展水平；加强跨境电商人才培养，开展跨境电商师资培训，培育懂理论、懂政策、懂业务、懂实操的跨境电商骨干师资；加快跨境电商综试区、进口贸易促进创新示范区和重点进口平台建设步伐。截至 2023 年 10 月，浙江已创建 12 个省级进口贸易促进创新示范区、104 家重点进口平台，蓄积“丝路电商”发展的强大动能。

推动海外仓建设

浙江加速在全球布局海外仓步伐，为“丝路电商”发展提供有力支撑。截至 2022 年底，浙江累计建设海外仓 790 个，总面积达 968 万平方米，覆盖全球 51 个国家和地区的 155 个城市，助力“丝路电商”发展。浙江推动海外仓功能拓展，适应海外采购商需求，提升中国商品推广力度。

推广数字化改革场景应用

浙江探索数字化改革场景应用，加快线上综合服务平台建设和功能迭代，满足企业所需。“跨境电商金融服务在线”平台通过整合生产、营销、物流、仓储配送、金融等资源，实现货物流、资金流和信息流的线上集约管理及风险实时管控，为跨境电商企业提供一体化服务。该平台于2021年被浙江省商务厅列入数字经济系统第三批应用试点、多跨协同优秀示范、数字经济优秀案例，为浙江深化“丝路电商”建设夯基固根。

深化“丝路电商”合作

浙江加速实践与探索步伐，以市场化方式推动世界电子贸易平台（Electronic World Trade Platform，eWTP）全球布局。截至2023年10月，eWTP已在8个国家和地区开通11个数字贸易区试点，打造适合数字贸易发展的全球公共服务网络，与全球伙伴共同探索全球数字贸易规则创新，提升中国规则话语权，推动“丝路电商”发展。2021年6月，浙江省与商务部共同主办中国—中东欧国家“丝路电商”发展高峰论坛，推动中国与中东欧国家跨境电商深度合作，启动中国—中东欧国家电子商务合作对话机制，促进“丝路电商”深入发展。2019年6月，在浙江—新加坡经济贸易理事会第十四次会议上，杭州跨境电商综试区与Shopee签署合作备忘录，根据备忘录，双方将在区域基建、人才发展及产业集群构建等方面加强合作。2022年4月，浙江举办“双品网购节暨非洲好物网购节”，在南非、刚果（金）、坦桑尼亚等地设立5个直播间，以浙江—非洲直播连麦打造“非洲沉浸式”直播新场景，线上线下累计销售额达2 800多亿元。

电商企业“走出去”成效显著

浙江电子商务企业加大在共建“一带一路”国家业务布局，为“丝路电商”合作增添动能。阿里巴巴国际站成为全球最大的跨境电商B2B平台，拥有4 000万活跃海外买家资源，服务全球20多万卖家；截至2023年3月，全球速卖通已覆盖全球220多个国家和地区。跨境电商企业不断提升物流服务水平，菜鸟在多个境外重点城市布局智慧物流枢纽，铺设保税仓、中心仓、中转仓、自提点等物流设施。集酷平台在加纳、乌干达、坦桑尼亚、喀麦隆、卢旺达、刚果（金）、刚果（布）、尼日利亚、科特迪瓦、塞内加尔、埃塞俄比亚、加蓬等多个国家建立物流配送中心，助力深化中国与非洲国家“丝路电商”合作。

资料来源：商务部国际贸易经济合作研究院．“丝路电商”合作发展报告（2016—2023）[R]. 2023-11.

实训练习

请同学们利用互联网，浏览《阿里巴巴国际站规则》和《敦煌网基础规则》，比较阿里巴巴国际站和敦煌网在账户管理、经营类目、交易规则、费用等方面的异同点。

单元三 主流跨境电商 B2C 平台

一、亚马逊

亚马逊创立于第一波互联网浪潮兴起的 1994 年。创立之初，亚马逊以打造最大的网上书店为目标，运营模式是当时不被人看好的重资产自营模式。但是，亚马逊凭借着独特的运营模式构建了一条完整的电商生态链。

微课

主流跨境电商B2C 平台——亚马逊

随着体量的增长，2001 年，亚马逊平台开始向第三方卖家开放。在亚马逊平台上，自营店铺和第三方卖家并存，不同的卖家形态以及业务模块丰富了平台上的产品线，为消费者提供了丰富的商品选择，而亚马逊也由此成长为全世界电商平台的翘楚。目前，在亚马逊平台的整体销售额中，平台自营销售业务和第三方卖家业务各占一半左右的市场份额。亚马逊的 Logo 如图 2－9 所示。

图 2－9 亚马逊的 Logo

亚马逊自成立以来，一直贯彻“全球最以客户为中心的公司”的理念，深受用户的认可和赞誉。如今，亚马逊已经成长为北美、欧洲、日本等多个国家和地区排名第一的电商平台，其流量不容小觑。许多中国的卖家也借着亚马逊平台的开放和壮大，接触到了更多的全球消费者，获得了掘金的机会，其中优秀的卖家，如 Anker（安克创新旗下品牌）成长为北美市场便携充电器行业的领导品牌。

国内的京东平台常被看作“中国的亚马逊”，虽然京东在营业额、高科技研发等方面与亚马逊有着很大的差距，但是在电商平台方面与之确实有很多相似之处。亚马逊和京东都是以自营业务起家，之后又都引入了第三方卖家；京东提供的物流服务与亚马逊的 FBA 物流服务很相似；京东推出的 Plus 会员制度与亚马逊的 Prime 会员制度也有相似之处。亚马逊具有以下独到之处。

（一）跟卖的概念

亚马逊是从网上书店转型而来的综合性电商平台，延续着书籍销售中不同卖家可以同时销售同一版本图书的逻辑。如果一个卖家的产品和平台上已经在售的某个产品相同，在符合平台规则的前提下，亚马逊允许卖家将自己的产品直接挂接在其他卖家的 Listing（产品页面）上，这就是我们通常所说的“跟卖”。

跟卖的基本逻辑是卖家在亚马逊平台上传的 Listing 的所有权属于亚马逊，跟卖的所有卖家共用产品页面的信息，包括图片、标题、描述、Bullet Point（五点描述）、EAN/UPC 码等。所有卖家共享 Listing 的曝光量和流量，跟卖者只能设置自己的价格、新旧程度和库存数量等。按照消费者购买习惯，在多个卖家跟卖的 Listing 下，占有 Buy Box（黄金购物车）的卖家有更高的成交概率。如图 2－10 所示，右侧的“Add to Cart”即 Buy Box 按钮，买家点击这个按钮，就会将拥有 Buy Box 的卖家的产品添加到购物车中。而没有抢到 Buy Box 的卖家，他们的产品会出现在 Buy Box 的下面。只有买家点击“Other sellers on Amazon”才会跳转到其他卖家的页面，如图 2－11 所示。

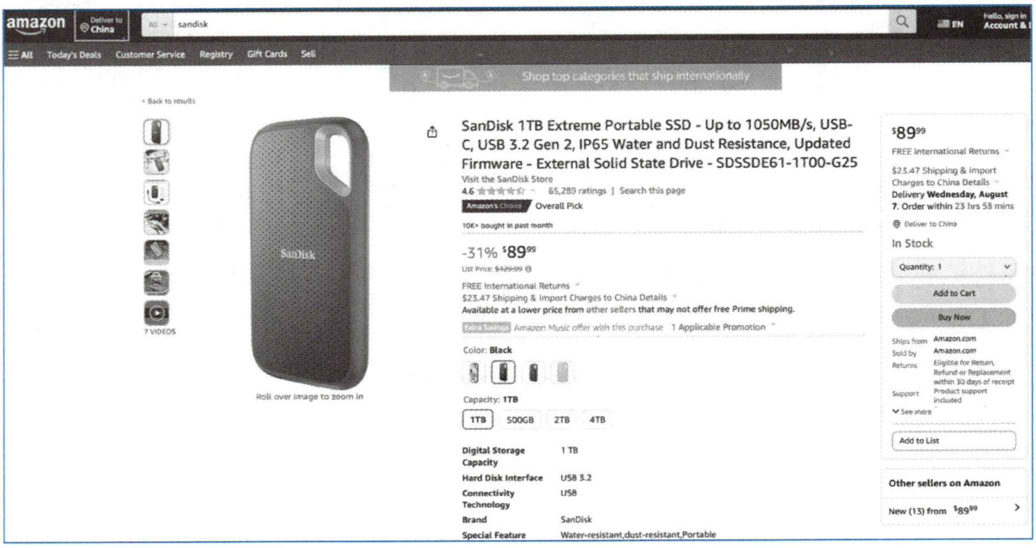

图 2－10　亚马逊的产品详情页

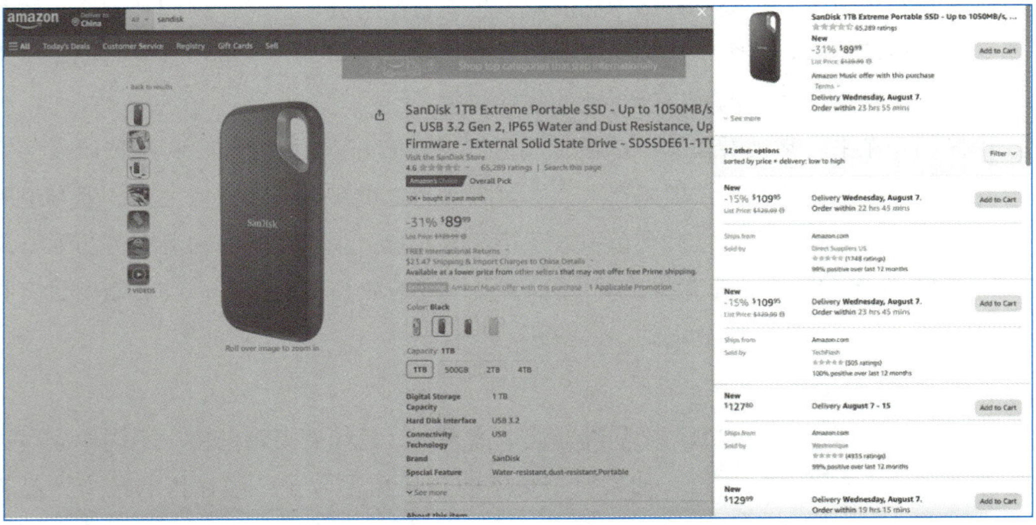

图 2－11　亚马逊的跟卖页面

由于购物车意味着销量，因此所有卖家都会尽力争抢购物车。按照算法逻辑，亚马逊会依据包括不同卖家的价格、发货方式、销量和账号表现等因素自动分配购物车。

对一个新手卖家来说，跟卖其他卖家的 Listing 往往可以共享这些卖家的曝光量，获取原 Listing 的流量。新手卖家在已有卖家前期积累的基础上，能够较容易快速地产生订单。因此，很多卖家在运营初期往往会将跟卖其他卖家的 Listing 作为自己运营的手段。

对于被跟卖的卖家来说，自己辛苦打造的 Listing 被其他卖家跟卖，就会导致流量流失、销量下降，甚至还可能因为其他卖家的原因给 Listing 带来差评，进而影响 Listing 的权重和排名。因此，亚马逊平台的卖家一定要在运营过程中做好防范，防止自己的产品被跟卖。卖家可采取以下措施，如注册本地商标、进行 GCID 商标备案、发布具有独一性的商品（私模定制、独立 Logo、独家包装、个性化配件或赠品等）。

（二）账号关联

亚马逊卖家在运营过程中要随时关注账号之间的关联。根据亚马逊官方的规定，一个公司或卖家不可以拥有多个账号，只能够拥有一个账号，就是一个国家对应一个账号。简单来说，卖家 A 可以在美国、加拿大、日本、意大利、西班牙、法国、英国等站点都拥有账号，但在同一个国家不能同时拥有两个账号。

基于这一原则，亚马逊会通过技术手段和各种交易数据的检测比对，识别在亚马逊平台上运营账号之间的关联性。如果通过各种因素的配对，系统识别到两个或两个以上的卖家账号为同一卖家主体所拥有，这些账号就会被判定为关联账号。亚马逊会根据实际情况对关联账号给予一定的处罚，如强制性下架新账号的产品 Listing 或关闭多余店铺，甚至会关闭账号。

在实际运营中，虽然亚马逊平台不允许卖家多账号、多店铺运营，但是跨境电商企业为了降低风险，确保长期、稳定的运营，还是会想方设法配备多个账号。例如，企业会在注册新账户时，使用不同的邮箱、新的电脑和路由器、独立的网线、全新的电话号码和信用卡等；将账号分配给不同的小组，使账号成为独立的运营单元；避免不同账号销售完全一致的产品，尽量采用不一样的商标、不同的产品图片和产品描述等。

二、eBay

微课

主流跨境电商B2C平台——eBay

eBay（易贝）于 1995 年 9 月 4 日由皮埃尔·奥米迪亚以 Auctionweb 的名称创立于美国加利福尼亚州圣荷西，如今是一个可供全球网民买卖物品的线上拍卖和购物网站。2003 年 6 月，全球最大的 C2C 平台 eBay 全资收购了当时中国最大的 C2C 平台——易趣网，成立易趣 eBay。eBay 公司也由此进入中国的电子商务市场，并在初期的一两年间一度占据中国 C2C 交易规模的约八成。2003 年 5 月成立的淘宝网在当时的市场规模只有易趣 eBay 的 1/10 左右。但是，之后的易趣 eBay 本土化不足，在很短的时间内国内的电商格局发生了变化，易趣 eBay 开始落后于阿里巴巴旗下的淘宝网。2006 年，eBay 基本在中国的 C2C 市场销声匿迹。同时，eBay 悄然开辟了中国 C2C/B2C 跨境电商市场。2007 年，eBay 外贸大学上线，基本完成卖家培训体系的构建。从 2008 年开始，eBay 相继在北京、深圳、广州、佛山和温州等中小企业聚集地成立办事处，用本土化方式来拓展跨境电商卖家。eBay 的 Logo 如图 2－12 所示。

图 2－12　eBay 的 Logo

作为和中国卖家最有渊源的跨境电商 B2C 零售平台之一，eBay 早在“跨境电商”这个词诞生之前就已经被众多跨境电商从业者们所熟悉。很多跨境电商大卖家，如环球易购、棒谷、通拓、有棵树、赛维等公司的第一桶金都是从 eBay 获得的。中国最早一批从事跨境电商零售的企业或者个人大多是从经营 eBay 店铺开始的。

与亚马逊不同的是，eBay 没有自营业务，eBay 上的卖家全部都是第三方卖家，分为个人卖家和店铺卖家。不同国家和地区的站点，收费也有区别。eBay 店铺分为五个级别：Starter（入门）、Basic（基础）、Premium（高级）、Anchor（超级）和 Enterprise（企业）。每个店铺套餐都有自己的费用结构，其刊登费和成交费折扣不同，且商品刊登数量也不同。店铺等级越高，免费刊登商品的数量越多，且其他费用的费率越低。

2010 年 4 月，eBay 宣布旗下的国际支付工具 PayPal 与阿里巴巴旗下的全球速卖通合作。有了 PayPal 的支持，全球速卖通通过全球的营销活动，迅速吸引了大量的个人消费者和小批发商注册并形成巨大的流量，PayPal 支付的便利性极大地促进了流量向订单转化。很快，全球速卖通的快速发展让 eBay 开始担忧，并在一年后中止了 PayPal 与全球速卖通平台的合作。但是，全球速卖通已经成为 eBay 在新兴市场强劲的竞争对手。

如今，在欧美市场，作为跨境电商平台传统势力三巨头之一（另外两家是亚马逊和沃尔玛），eBay 一方面被亚马逊大幅领先，另一方面面临着众多新兴平台的挑战。在新兴市场，全球速卖通取得了爆发性增长，小语种网站也陆续上线；在移动端，来自中国的跨境电商平台大力发展，如 TikTok Shop、SHEIN、Temu 等，通过商业模式的创新实现了盈利。虽然当前的 eBay 仍保持着总销售额逐年稳定的势头，总体体量也依然庞大，但是也面临着诸多挑战。

三、全球速卖通

与亚马逊、eBay 等传统平台不同，全球速卖通（英文名：AliExpress）是一家源于中国的平台，正式上线于 2010 年 4 月，是阿里巴巴旗下面向全球市场打造的在线交易平台。上线之初，全球速卖通主要开展与敦煌网类似的在线小额批发业务，到 2013 年才开始进入跨境零售行业，依托于阿里巴巴系庞大的流量和用户基础，通过支付宝国际账户进行担保交易，发展迅猛，被广大卖家称为“国际版淘宝”（见图 2－13）。

微课

主流跨境电商B2C 平台——全球速卖通

全球速卖通凭借得天独厚的卖家资源，在重视消费者端推广的同时，更重视卖家群体的培养，通过宽松的入驻条件、免费注册开店、较低的佣金率等措施，吸引了大量的卖家入驻。全球速卖通积累了庞大的卖家群体，并且通过多项政策激励卖家多发布产品。全球速卖通利用丰富的产品资源和较便宜的价格，吸引了世界各地的消费者。

图 2－13　全球速卖通的招商广告 1

在战略层面，作为起步较晚的平台，全球速卖通避开了亚马逊、eBay 等占绝对优势的欧美市场，选择以巴西、俄罗斯等新兴国家作为切入口。差异化市场战略促使全球速卖通快速成长，在跨境零售平台的竞争中占据一席之地。

随着规模的不断扩大，全球速卖通逐步将提升用户满意度提上日程。2016 年，全球速卖通提高了卖家准入门槛，从原来的 C2C 平台转型成 B2C 平台。全球速卖通不仅要求入驻卖家具备企业资质，所售卖的商品有品牌、有商标，而且在发货时效、售后服务水准等方面对卖家提出严格的要求。全球速卖通逐步从“国际版淘宝”升级为“国际版天猫”（见图 2－14）。

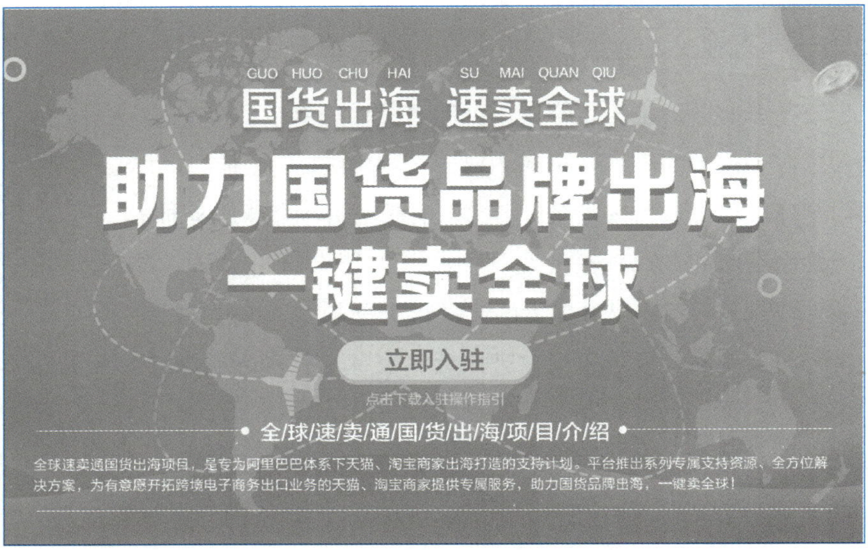

图 2-14　全球速卖通的招商广告 2

从 2016 年开始，全球速卖通取消了免费注册开店，针对卖家所经营的类目收取相应的技术服务年费，并且规定如果卖家达到平台规定的销售额，年费是可以返还的。2018 年，全球速卖通平台再次调整了技术服务年费的金额和返还要求。

对于大部分国内卖家来说，在全球速卖通平台的操作是相对简单的。因为除了买家所看到的产品页面是英语，卖家可使用中文操作卖家后台（包括申请账户、产品发布、账户操作、营销活动管理等），这对大部分国内卖家来说是非常便利的。全球速卖通和天猫有很多相似之处，如卖家后台的界面、站内营销工具（全球速卖通直通车和淘宝直通车）、卖家服务等级等。在国内，天猫“双 11”已经是人尽皆知的购物狂欢节。自从 2014 年参加阿里巴巴的“双 11”活动以来，全球速卖通也在不断刷新成交额的纪录。

2023 年初，全球速卖通上线依托全托管模式的 Choice 业务（见图 2-15）。Choice

图 2-15　全球速卖通的“全托管”招商广告

业务同时从供需两端为全球速卖通打开了新的缺口。在供给端，Choice 服务下的商品，由平台提供从定价、营销到履约的全托管模式，让很多擅长生产制造但缺乏 C 端营销能力的工厂能够无门槛地加入跨境业务中来，从而丰富平台的商品供给。在需求端，平台统一负责的物流服务显著提升了履约时效和用户体验，不仅有助于提升用户黏性，还激发了许多新的需求。2023 年，速卖通联合菜鸟上线“全球五日达”国际快递产品线，目前，该业务已拓展至欧美、中东、韩国等十多个国家和地区，大幅提升了物流履约时效，这正是 Choice 业务能够快速发展的重要原因之一。

虽然全托管模式有诸多好处，但是存在自身的瓶颈。

（1）从平台侧来说，全托管商品全部由平台小二来招商和运营，这是一项十分庞杂的工作。全球速卖通面向全球 200 多个国家和地区，平台上的商品包罗万象，每个类目在每个市场的情况和运营策略都差异巨大，需要专门的小二来运营，但平台不可能无限制地投入人力和资金。

此外，在全托管模式下，商家需要提前备货到平台的仓库，而仓库的物理空间是有限的。就算能找到足够大的仓库来容纳海量的 SKU，仓内调度的难度也会呈指数级攀升。目前，全托管模式覆盖的主要是高动销的爆品，只有这样才能最大限度地发挥平台运营人员和仓储的效能。但是，消费者的需求显然不仅仅有爆品。

（2）从商家侧来说，在全托管模式下，商家将经营定价权让渡给平台，自己则成为供应商的角色。这种角色定位并非所有商家都能接受，很大一部分商家仍然希望将定价权掌握在自己手中，进行私域运营，甚至打造自己的品牌。

正是因为这种供需之间的矛盾，全球速卖通在 2024 年 1 月全面上线了半托管模式（见图 2 - 16）。半托管模式在保障供应链效率最大化的基础上，给予了商家更多的灵活性。

图 2 - 16 全球速卖通的“半托管”招商广告

需要注意的是，全球速卖通的半托管模式和 Temu 的半托管模式截然不同。简单来说，全球速卖通的半托管模式是为商家保留了定价权和运营自主权，平台仅负责履约，而 Temu 的半托管模式则恰好相反。当然，全球速卖通也有类似 Temu 半托管模式的业务，内部称之为海外托管业务。

目前，在全球速卖通半托管模式下，有两种履约方式：即时送货到仓（Just-in-Time，JIT）模式和仓发模式。

JIT 模式是商家备现货在自己的仓库，当消费者下单之后，商家需要在平台要求的时效之内，通过自寄或者菜鸟上门揽收的方式，将商品运到全球速卖通平台指定的仓库。

仓发模式是商家将商品提前备货到全球速卖通指定的国内优选仓库，当消费者下单之后，平台会自动完成履约。这种模式比较适合爆品。

可以看到，从全托管模式到半托管模式，全球速卖通的布局始终围绕着物流时效展开。这背后离不开菜鸟国际快递的支持。过去几年，菜鸟采用了基础设施“硬联通”和数字建设“软联通”相结合的策略：一方面，通过建设物流基础设施促进货通全球；另一方面，通过推广数字技术提升全球物流效率。

如今，全球速卖通已经是中国最大的跨境电商 B2C 出口平台，是全球第三大英文在线购物网站，同时也是在俄罗斯、西班牙等国家排名第一的电商网站。作为中国最早的出海电商平台之一，全球速卖通在全球拥有很高的品牌认知度，但因为各方面原因的掣肘，与国内几家“后起之秀”平台的快速发展相比，近几年呈现出一定的增长放缓迹象。

四、其他新兴平台

在 2020 年前，以亚马逊为代表的海外跨境电商平台凭借着海量海外用户，成为中国卖家的首选。但亚马逊对中国卖家的大规模封号改变了整个生态。2021 年 4 月开始，亚马逊持续查封出现违规行为的中国卖家账号，多个头部卖家遭到封店、资金冻结等处理。不少中国卖家因为违反了亚马逊相关政策，被关闭店铺。

亚马逊大规模封号虽然提升了整个行业的规范程度，但也让众多中国卖家意识到，不能把全部鸡蛋放到一个篮子里。他们急需寻找新的平台，分担风险。一部分卖家转向了全球速卖通等平台。

2021—2022 年，TikTok Shop 和 Temu 先后上线。以自营品牌在海外运营多年的 SHEIN（中文名：希音）正式对第三方卖家开放，吸引第三方卖家加入并迅速扩大规模。

近年来，全球速卖通、TikTok Shop、SHEIN 和 Temu 在海外取得了不俗的成绩，在业内，它们被戏称为“出海四小龙”。

TikTok Shop：依托于 TikTok（海外版抖音）的大流量和年轻用户，强调社交购物体验。

SHEIN：定位于跨境快时尚互联网公司，以快时尚为特点，主打年轻人市场，因价格便宜和流行元素多而受到青睐。

Temu：是由拼多多在2022年推出的跨境电商平台，定位与拼多多类似。

阿里巴巴、SHEIN、字节跳动、拼多多的出海业务对比如表2-2所示。

表2-2 阿里巴巴、SHEIN、字节跳动、拼多多的出海业务对比

公司名称	旗下跨境电商平台	定位	上线时间	覆盖品类
阿里巴巴	阿里巴巴国际站	B2B	1999年	全品类
	全球速卖通、Lazada、Daraz、Trendyol、Miravia	B2C	2010—2022年	全品类，以服装、日用家居、美妆个护为主
SHEIN	SHEIN	B2C	2008年	主营女装，也提供男装、童装、饰品、鞋、包等时尚用品
字节跳动	TikTok Shop	B2C	2021年	全品类，以服装、日用家居、美妆个护为主
拼多多	Temu	B2C	2022年	全品类，以服装、日用家居、美妆个护为主

（一）SHEIN

SHEIN是一家以女性快时尚为业务主体的跨境B2C互联网企业。SHEIN公司成立于2008年，目前主要进入的市场有北美、欧洲、中东、东南亚、南美等，直接服务全球超过150个国家和地区的消费者，App全球覆盖50多个语种，拥有11个自有品牌。近几年，SHEIN已成长为中国出海独角兽。2021年，SHEIN成为美国下载量最高的购物App之一，月下载量一度超过亚马逊。2023年，SHEIN的GMV（Gross Merchandise Volume，商品交易总额）超过300亿美元。SHEIN之前一直是以自营模式为主，很多外贸工厂以自营供应商身份入驻。2023年5月，SHEIN正式宣布推出平台模式，也就是说其他的第三方卖家也可以在平台上进行销售。SHEIN的Logo如图2-17所示。

微课

主流跨境电商B2C平台——独立站SHEIN

SHEIN

图2-17 SHEIN的Logo

从发展历程来看，SHEIN品牌在2019年后发展得尤为迅速，这和其运营特点有关。

1. 小单快返缩短上新周期

小单快返是SHEIN的撒手锏。以服装为例，传统品牌从设计到门店销售需要6～9个月，而SHEIN从设计到平台上线销售仅仅需要7天。这是因为SHEIN依托面向客户的网站提供个性化产品推荐，基于购买量、收藏量等反馈快速决定 SKU（库存量单位，在电商行业指一款商品）的返单深度。基于高效的小单快返供应链，SHEIN 将上新周期大大缩短。

2. 建立仓储中心，简化运输流程

通过建立仓储中心，SHEIN 降低了供应商送货成本。在亚马逊平台，头程物流成本占比较大，部分产品甚至占采购成本的一半以上，这部分跨境物流成本完全是由供应商来承担的。SHEIN 为供应商提供了两种国内物流方式。第一种是自送模式：供应商将货物自主送往中心仓。第二种是取货模式：供应商将货物就近送往指定地点，合作物流取货后再统一送往中心仓。按照 SHEIN 模式，供应商（品牌方）只需要承担产品成本和货物从工厂到 SHEIN 中心仓的成本。也就是说，跨境物流的费用全部由 SHEIN 承担，这样就有效降低了供应商的成本。

SHEIN 商品 95%为中心仓向海外直邮，流程为供应商—中心仓—跨境运输—消费者。在中心仓搭建方面，SHEIN 分别搭建了国内仓和海外仓。其中，海外仓有两种：一种为海外运营仓，负责发货，发货占比仅为 5%；另一种为海外中转仓，仅负责退货，因为跨境电商退货成本较高，建立海外退货仓可以节省直接退回国内的运费。

3. 提前布局独立站，提升运营自由度，打造自有品牌

目前，跨境电商零售主要有两种模式：加入亚马逊、全球速卖通等第三方平台或自建独立站销售。如果企业自建独立站，在前期不仅会产生较高的获客成本，还要在仓储安排、配送安排以及客户数据分析方面投入大量的时间、精力。随着客户的不断累积，企业的议价能力会不断提高，从而形成规模经济效应。SHEIN 在创建之初便购买了自己的域名，提前进行独立站的搭建。依托独立站模式，SHEIN 的后续私域推广更具独立性。独立站不仅可以为 SHEIN 提供稳定的流量，而且成为其打造品牌价值的平台。SHEIN 的业务从女装逐渐拓展到美妆、鞋履、宠物、男装等领域，从而衍生出 ROMWE、SHEGLAM、PETSIN 等 11 个自有品牌。

（二）Temu

2022 年 9 月才成立的 Temu，以“Team Up，Price Down”为口号，与拼多多的意思相近，即买的人越多，价格越低。背靠在平价电商领域深耕多年的母公司拼多多，凭借超低价商品以及大手笔的广告推广，Temu 一成立便成为跨境电商行业中闪亮的新星。Temu 的 Logo 如图 2－18 所示。

图 2－18　Temu 的 Logo

2023 年“超级碗”（NFL 职业橄榄球大联盟的年度冠军赛）上，仅创办 4 个月的 Temu 连买两次 30 秒广告位，用朗朗上口的小曲配上“Shop Like a Billionaire”的魔性广告词，震惊了美国电视观众。2024 年，Temu 不仅在“超级碗”赛前和赛间播放了 6 次“Shop Like a Billionaire”的广告，还提供了价值 1 000 万美元的赠品。

“便宜”是 Temu 的招牌。根据随机选择的商品统计，对价格大于 30 美元的高价或品牌商品，Temu 的平均价格优势不到 20%；而对价格低于 10 美元的商品，Temu 的价格相当于亚马逊的 50%。Temu 的另一个撒手锏是率先对平台卖家采用全托管模式，即商家只负责上货，平台负责从选品到履约再到销售的全部流程。全托管模式基本解决了空包、假货等问题，对卖家而言，全托管也是测款成本、试错成本最低的一种方式。

尽管严格的价格审核机制使 Temu 进货价低于各大平台，但是也让卖家对 Temu 的全托管模式颇有怨言，主要集中在 Temu 的压价上。此外，全托管模式下，物流时间过长也制约了平台的发展。Temu 全托管模式相较于亚马逊价格优势明显，但物流时效性差。根据抽样调查，Temu 平台上不到 10 美元的商品，亚马逊平台上类似商品价格是 Temu 平台的 2～3 倍。但在物流时效方面，根据 Temu 的官方披露，免费的标准配送需 8～12 天，收费的快速配送需 5～9 天。而亚马逊由于有本地仓提前备货以及拥有强大的物流体系，在美国本土的配送仅需 2～3 天。

（三）TikTok Shop

TikTok Shop 是 TikTok 旗下的电商平台。TikTok 是抖音集团旗下的短视频社交平台，2017 年在海外上线。TikTok 推出后在短时间内风靡全球，曾多次登上美国、印度、德国、法国、日本、印度尼西亚和俄罗斯等地 App Store 或 Google Play 总榜首位。2021 年，TikTok 月活跃用户数量突破 10 亿大关。截至 2024 年 8 月，TikTok 美国用户达到 1.7 亿人。TikTok Shop 的 Logo 如图 2－19 所示。

TikTok Shop

图 2－19　TikTok Shop 的 Logo

目前，TikTok Shop 已经在英国、美国、马来西亚、菲律宾、泰国、越南、新加坡等市场正式上线。

TikTok Shop 与其他跨境电商平台不同。由于 TikTok Shop 的营销方式为内容创作和直播运营，本质是兴趣电商，依靠流量而非定价，因此其具备较强的溢价能力。TikTok Shop 平台汇集了商家、达人和买家，这一创新的购物功能使品牌、商家和创作者能够直接通过短视频、直播和商品展示等方式展示并销售商品。TikTok Shop 的卖家主要分成两类：自运营卖家和全托管卖家。

自运营卖家：自行负责运营商城、直播、短视频和达人合作，可根据运营策略灵活定价，运营模式更为自由，适合有电商运营经验的卖家。

全托管卖家：扮演供货商的角色，店铺由平台统一运营，可自行引流，省去运营成本和精力，将定价权交给平台，适合供应链能力过硬的卖家。

经过几年的发展，平台出现了越来越多的高 GMV 带货达人，为更多的中小商家提供了展示销售商品的契机。TikTok Shop 美区的带货达人和商家也开始越来越多地关注到直播带货。2024 年以来，TikTok Shop 美区的单场直播纪录不断被打破，平台涌现出多个超过 50 万美元 GMV 的直播间。

TikTok Shop 美区的直播电商能够爆发的原因是多方面的。第一，美国消费者本身有电视购物习惯，对这种互动式的直播购物并不陌生；第二，TikTok 拥有广泛的年轻用户群体，这些人更能接受新鲜事物，引领了直播电商这种新的购物文化；第三，2024 年初开始，用户在 TikTok Shop 上的购物习惯逐渐形成后，TikTok Shop 官方开始大力推进电商直播业务，甚至在多个市场成立专门的直播小组。随着直播电商在英美地区的爆发，TikTok Shop 或有机会将这一形态带到整个欧美地区，从而重塑海外电商生态。

行业洞察

品牌出海指南：独立站与跨境电商平台的比较与选择策略

随着全球化的推进和数字技术的普及，品牌出海已成为许多企业实现增长和国际化发展的重要策略之一。在选择品牌出海的路径时，企业往往需要权衡独立站与跨境电商平台两种不同的渠道。

1. 独立站的优势与劣势

（1）独立站的优势。

品牌自主性高：独立站允许品牌方完全掌控网站的设计、内容、功能和用户体验，有助于塑造独特的品牌形象，提升品牌认知度。

灵活性强：独立站不受第三方平台的规则限制，品牌方可以根据市场需求和自身战略灵活调整产品、价格和营销策略。

客户数据掌控：独立站能够直接收集和分析用户数据，帮助品牌方更深入地了解目标市场，制定更精准的营销策略。

（2）独立站的劣势。

流量获取难：相较于成熟的跨境电商平台，独立站需要品牌方自行投入大量资源进行推广和营销，以吸引流量。

技术要求高：独立站的建设和维护需要一定的技术支持，包括网站开发、服务器维护、安全防护等。

投资成本大：独立站的建立和维护成本相对较高，包括网站建设费用、运营成本、推广费用等。

2. 跨境电商平台的优势与劣势

（1）跨境电商平台的优势。

流量资源丰富：成熟的跨境电商平台拥有庞大的用户基础和稳定的流量来源，品牌方可以借助平台的流量优势快速获取曝光和销售机会。

信任度高：跨境电商平台通常具有一定的品牌知名度和用户信任度，有助于降低品牌在海外市场的认知门槛。

技术支持完善：跨境电商平台提供一系列的技术支持和服务，包括店铺搭建、数据分析、营销推广等，降低了品牌的运营难度。

（2）跨境电商平台的劣势。

竞争激烈：跨境电商平台汇聚了众多品牌和产品，竞争异常激烈，品牌方需要投入大量资源以脱颖而出。

品牌自主性受限：品牌方在跨境电商平台上需要遵守平台的规则和政策，因此店铺设计、产品展示和营销策略的自主性受到一定限制。

客户数据掌控弱：品牌方在跨境电商平台上往往无法直接获取和分析用户数据，对于市场洞察和精准营销造成一定困难。

3. 如何选择适合自己的路径

在选择独立站还是跨境电商平台时，品牌方需要综合考虑多个因素，包括品牌定位、市场策略、资源投入等。以下是简单的决策框架。

（1）品牌定位与形象：如果品牌方注重独特性和差异化，希望塑造独特的品牌形象和用户体验，那么独立站可能更合适。如果品牌方更注重快速获取曝光和销售机会，那么跨境电商平台可能更合适。

（2）市场策略与目标市场：品牌方需要分析目标市场的特点和需求，以及竞争对手的情况。如果目标市场对品牌认知度要求较高，或者竞争对手在跨境电商平台上表现强势，那么独立站可能更有优势。如果目标市场对价格敏感度较高，或者跨境电商平台在该市场具有较高的用户信任度和流量资源，那么选择跨境电商平台可能更明智。

（3）资源投入与运营能力：品牌方需要评估自身的资源投入和运营能力。对于独立站的建设和维护，品牌方需要一定的技术投入和运营成本，而跨境电商平台则需要品牌方在竞争激烈的市场中脱颖而出。品牌方应根据自身实际情况和资源能力进行选择。

独立站与跨境电商平台都是品牌出海的有效路径，各有优劣势。品牌方在选择适合自己的路径时，需要根据自身品牌特点、市场需求和资源状况综合考量，从而及时抓住市场机遇，实现品牌的国际化发展。

资料来源：Nox聚星网红营销．品牌出海指南：独立站与跨境电商平台的比较与选择策略［EB/OL］．(2024－05－15)［2024－12－12］．百家号．

实训练习

在跨境电商企业继续保持高速增长的同时，各大平台也时刻面临着激烈的竞争。请同学们利用互联网，收集下列平台的最新资讯，将表格内容补充完整（见表2-3）。

表2-3 几大跨境电商平台信息

公司名称	旗下跨境电商平台	覆盖国家和地区数量	最近战绩（收入、GMV、下载量等）
阿里巴巴	阿里巴巴国际站		
	全球速卖通		
SHEIN	SHEIN		
字节跳动	TikTok Shop		
拼多多	Temu		

模块练习

一、判断题

1. B2C平台面向个人开放注册，向卖家收取商品展示费和交易服务费，一般不参与洽谈和物流等交易环节。B2C平台的特点是商品种类多、门槛低、利润较高。（　　）

2. 阿里巴巴国际站也提供在线批发业务。（　　）

3. B2B平台以收取交易佣金为主，以收取店铺订阅费、广告费为辅。B2B平台的特点是门槛较低、支付方式灵活、利润较高。（　　）

4. 敦煌网一直坚持“小额外贸B2B批发平台”的定位。（　　）

二、不定项选择题

1. 以下哪些是跨境电商零售平台？（　　）

A. 亚马逊　　B. AliExpress

C. 阿里巴巴国际站　　D. 敦煌网

2. 下面哪些跨境电商平台不是美国的？（　　）

A. 亚马逊　　B. eBay　　C. 全球速卖通　　D. Temu

3. 关于跨境电商的说法，以下哪些选项是正确的？（　　）

A. 跨境电商按进出口类型分为跨境出口和跨境进口两大类

B. eBay 既支持企业入驻，也支持个人入驻

C. 全球速卖通必须使用 PayPal 收款

D. 阿里巴巴国际站是全球最大的跨境电商 B2B 平台

4. 跨境电商按平台服务类型可分为信息服务平台和在线交易平台，那么以下哪些网站属于信息服务平台？（　　）

A. 阿里巴巴国际站　　B. 全球速卖通

C. 中国制造网　　D. 敦煌网

E. 环球资源网

5. 下列关于亚马逊平台跟卖规则，说法不正确的是（　　）。

A. 共用其他卖家页面信息

B. 价格和库存可以自己设定

C. 共同争抢黄金购物车（Buy Box）

D. 产品标题和图片需自己设定

知识拓展

跨境电商的出口模式——9710 模式

一、9710 模式是什么

“9710”是国家在 2020 年增列的海关监管方式代码。“9710”全称是“跨境电子商务企业对企业直接出口”，简称“跨境电商 B2B 直接出口”，是指境内企业通过跨境电商平台与境外企业达成交易后，通过跨境物流将货物直接出口送达境外企业，并向海关传输相关电子数据的模式。

二、9710 模式出口的条件

（1）跨境电商企业、跨境电商平台企业、物流企业等参与跨境电商 B2B 出口业务的境内企业，应提前向所在地海关办理信息登记及报关业务。

（2）跨境电商企业 B2B 模式出口申报前，跨境电商出口企业或其代理人（含境内跨境电商平台企业）应通过“单一窗口”向海关传输交易订单或海外仓订仓电子信息，物流企业向海关传输物流电子信息，具备条件的可加传收款信息，并对数据真实性负责。

（3）跨境电商企业出口货物单票低于 5 000 元人民币，且不涉证、不涉检、不涉税，企业可报送申报清单，校验通过后自动推送至跨境电商统一版出口通关管理系统申报；单票超过 5 000 元人民币或涉证、涉检、涉税的货物应通过 H2018 通关管理系统申报。

三、跨境电商企业可以享受哪些通关便利

（一）报关全程信息化

企业通过“单一窗口”或“互联网＋海关”网上传输交易订单、海外仓订仓单等电子信息，且全部以标准报文格式自动导入，报关单和申报清单均采用无纸化方式，简化了企业的申报手续。

（二）新增便捷申报通道

对单票金额在人民币 5 000 元（含）以内且不涉证、不涉检、不涉税的货物，可通过跨境电商统一版出口通关管理系统以申报清单的方式进行通关，这项措施使得中小微出口企业的申报更为便捷、通关成本进一步降低。

（三）综试区简化申报

在综试区所在地海关，企业可以申报符合条件的 9710、9810 清单，并可申请按照 6 位 HS 编码简化申报，以进一步简化跨境电商零售出口的申报流程。

（四）物流和查验便利

跨境电商 B2B 出口货物可按照“跨境电商”类型办理转关，通过 H2018 通关管理系统通关的货物，同样适用全国通关一体化。企业可根据自身实际选择时效性更强、组合更优的方式运送货物，同时可享受优先查验的便利。

四、9710 模式下如何申请退税

（一）出口退（免）税备案

企业办税人员进入电子税务局，填写真实、完整的《出口退（免）税备案表》及电子数据，进行备案。

（二）出口退（免）税申报

具备一般纳税人资格，已完成出口退（免）税备案登记的企业，可进行出口退（免）税申报。企业根据海关报关单向采购方要求开具增值税专用发票，在电子税务局申报系统进行出口退（免）税申报，大数据综合各方信息进行比对，经核查符合退税条件的，予以同意退税。

（三）备单证备案

在申报出口退税后 15 日内完成单证备案。自 2021 年 9 月起数字化电子单证备案正

式推行，单证包括：海关电子口岸下载的海关无纸化放行通知书；出口货物运输单据，如海运提单、航空运单；外贸企业采购合同等。

（四）部门流转审核退税

税务局受理企业出口退（免）税申报数据，审核报关单、进项发票等相关数据资料，经流程核准后开具收入退还书，并再次复核后报送人民银行国库安排退税。

五、采用 9710 模式的优势

（一）降低准入门槛

采用跨境电商 9710 模式直接出口，能使原本烦琐的贸易过程变得流程化、简单化，更加方便操作。这样能大大降低参与国际贸易的门槛，中小微企业以及个人都可以通过跨境电商 9710 模式轻松找到全球各地的买家。

（二）拓展新用户

跨境电商 9710 模式的出现，改变了过去“工厂—外贸企业—国外商贸企业—国外零售企业—消费者”的贸易链条，能使国内企业直接对接海外消费者和小企业，拓展了新的用户群体，促进了国内中小企业的发展。

（三）抢占新市场

中小企业通过跨境电商平台能够参与到新兴市场的竞争中；凭借中小外贸企业灵活的供应链，能够较快适应新兴市场的个性化消费，获取新的市场空间。

（四）衍生新服务

在新的贸易链条中，国外采购商的需求已经从单一的产品采购衍生出品牌策划、产品设计、营销推广、物流服务在内的综合服务需求，为国内工厂、贸易企业拓展了新的利润提升空间。

模块三 跨境电商物流

学习目标

● 知识目标

1. 了解跨境电商物流的类别
2. 了解主流跨境直发物流的主要方式及特点
3. 了解海外仓储物流的主要流程及特点

● 技能目标

1. 能够利用互联网查询各种物流方式运费
2. 能够计算各种物流方式运费

● 素养目标

1. 培养全球视野
2. 培养对国际贸易行业的职业认同感
3. 增强民族自豪感和自信心
4. 培养严谨细致的工作态度

单元一 跨境物流与跨境电商

一、跨境物流的含义

跨境物流是指通过空运、陆运或海运等方式将符合法律法规的商品从一个国家或地区运送至另一个国家或地区的过程。

二、跨境物流与跨境电商的关系

虽然跨境电商与跨境物流隶属于两个不同的范畴，但是跨境电商的快速发展离不开跨境物流的支持，两者密不可分。一次完整的跨境电商贸易需要二者配合，发挥协同效应才能完成。跨境物流的发展为跨境电商的发展奠定了基础，跨境电商的发展也为跨境物流的进一步发展提供了动力。

首先，跨境物流是跨境电商的基础之一。跨境物流为跨境电商提供物流服务，使得商品或资源能够跨越关境在全球范围内进行配置，离开了物流的跨境电商就没有办法进行真正的商品贸易。跨境电商交易主体突破了关境的限制，从卖方所在地通过跨境物流流通到买家所在地，最后在买家所在国（地区）境内实现物流与配送活动。当商品退换货出现时，还会发生从买家流向供应商的逆向商品流动。同时，物流产业链也对跨境电商的发展具有推动作用，物流是跨境电商活动中的一环，物流信息化、集成化和移动化的进一步发展，能有效地降低成本，提升跨境电商的消费体验。

其次，虽然跨境物流在没有跨境电商时已经存在，但是与跨境电商的融合，为其注入现代科技和互联网思维，有助于跨境物流产业实现现代化。一是跨境电商发展迅猛，在客观上加大了对跨境物流产业现代化、专业化的要求；二是跨境电商的发展促进了跨境物流信息化、网络化、电子化、智能化。

最后，跨境电商与跨境物流有着明确的边界，但从另一个方面讲它们的边界又存在模糊性。在跨境电商领域，部分企业自建自营物流体系，并将其深度融入业务框架，形成跨境电商与物流产业在业务流程上的重叠，如阿里巴巴的菜鸟国际快递、亚马逊的FBA（Fulfillment by Amazon）物流、Wish 邮等。

三、跨境电商物流方式的选择

在传统外贸中，进出口贸易的货物绝大多数是通过海运发往世界各地的，如散杂货运输、集装箱运输等港到港的海上运输。但是在跨境电商行业，企业往往需要通过空运包裹的形式向客户寄送商品或者样品单。

对于跨境电商出口卖家来说，在接到第一笔业务之后，首先需要考虑的问题是：应该选择什么样的物流方式将产品递送给海外买家？规模小的卖家通常会选择邮政物流、专线物流和国际快递。对于小卖家来说，通常可以选择通过平台线上发货，2 000 克以下选择中国邮政航空小包，超过 2 000 克选择中国邮政航空大包，客户时效性要求高的物品选择国际快递。对于出口频繁、规模较大的大卖家来说，他们有着更加多样化的选择，既要优化物流成本，又要考虑客户体验。卖家往往需要从以下几个方面来综合考虑物流问题。

（1）匹配度。对于不同的跨境商品，卖家应选择不同的物流供应商，如低值、低价、轻而小的产品首选国际小包，超过 2 000 克的商品则选择国际专线或者邮政国际包裹。

（2）运费。国际物流成本无疑是卖家最关心的问题之一，运价不是越低越好，而是要可控。物流供应商是否提供透明、合理、稳定的报价非常重要。卖家可让物流供应商明确列出各种收费项目及计费方式，这样更便于考察，如有必要可列入合同明细。

（3）信息系统。在信息时代，跨境买家和跨境卖家都希望能够及时、准确地了解物品的位置信息，因此，完善的物流信息跟踪查询系统也是一个重要的考量因素。

（4）派送服务质量。派送安全、稳妥可以避免很多不必要的售后麻烦和损失。卖家考核物流供应商时，可以详细了解其全环节操作是否足够专业；对于国内集货，查看其仓储分拨是否容易造成失误；对于头程，查看其通路、清关优势，是直发还是多层转包；对于目的国，查看其落地派送质量、尾程可控性。

行业洞察

中国跨境电商物流行业现状深度研究与发展前景分析报告（2024—2031 年）

跨境电商物流是指在电子商务环境下，依靠互联网、大数据、信息化与计算机等先进技术，使物品从跨境电商企业流向跨境消费者的跨越不同国家或地区的物流活动。

1. 行业市场规模情况

随着电子商务和对外贸易的发展，我国跨境电商的交易规模呈现逐年增长态势。跨境电商的快速发展驱动跨境电商物流市场持续增长。数据显示，2023 年我国跨境电商物流行业市场规模约为 3.88 万亿元（见图 3－1）。

按货品流向，跨境电商物流分为出口跨境电商物流和进口跨境电商物流。目前，我国跨境电商物流以出口为主。数据显示，2023 年我国出口跨境电商物流市场规模约为 2.87 万亿元，占比达 73.97%（见图 3－2）。

按客户类型，跨境电商物流分为 B2B 跨境电商物流和 B2C 跨境电商物流。B2B 跨境电商物流近年来增长速度较快，2023 年我国 B2B 跨境电商物流占比高达 75.86%（见图 3－3）。

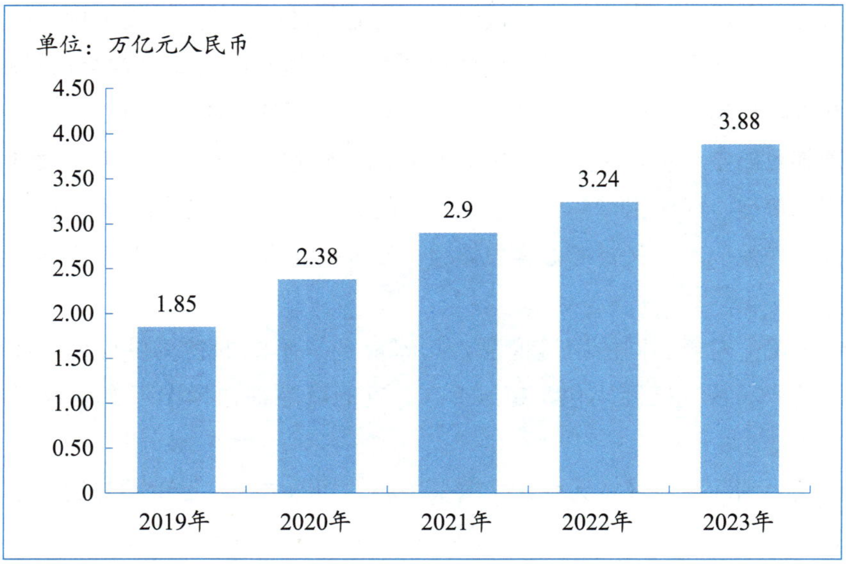

图 3－1　2019—2023 年我国跨境电商物流市场规模

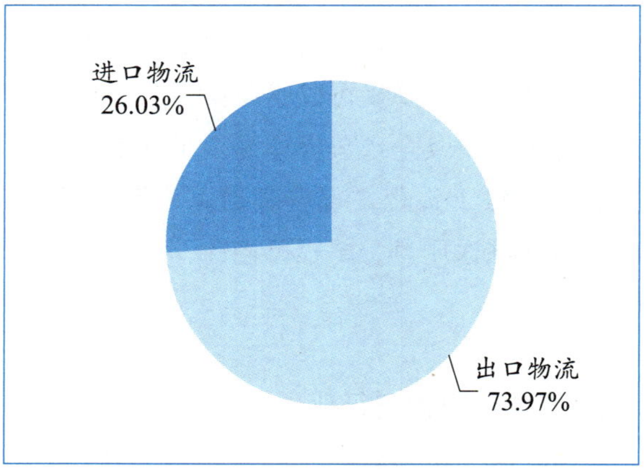

图 3－2　2023 年我国跨境电商物流市场规模分布（按货品流向）

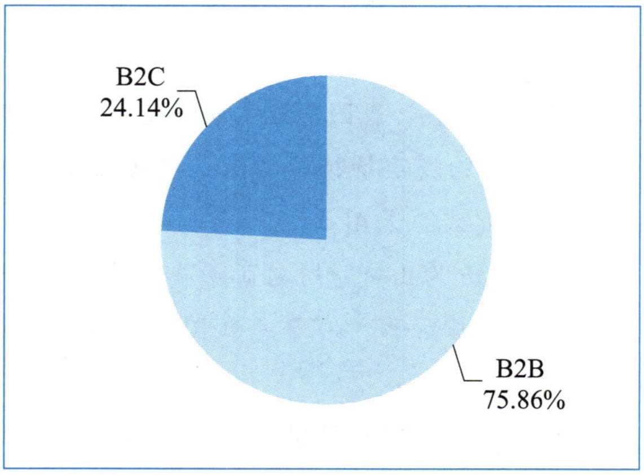

图 3－3　2023 年我国跨境电商物流市场规模分布（按客户类型）

2. 行业需求情况

近年来，随着电子商务和对外贸易的发展，我国跨境电商的交易规模呈现逐年增长态势。

随着传统代工模式的利润率逐渐降低，中国企业逐渐从 OEM 向 ODM 转型，包括石头科技、SHEIN 在内的企业都“走出国门”，打造中国品牌。除此之外，一大批中国成熟品牌企业的海外销售占比也在持续提升，如华为、小米、海康威视等。

品牌出海导致中国货主支付物流费用占比不断提升，本土物流企业迎来跨境物流需求爆发期，本土货代担任的角色也将从分包商转向总包商，分享全链路利润，而不局限于跨境物流国内段的利润。

随着全球消费者对于中国产品的接受度提高、中国品牌的国际影响力不断扩大以及中国制造业深度融入全球供应链，中国跨境电商平台有望持续在全球市场扩大影响力。尤其是在一些新兴市场和发展中国家，中国平台凭借价格优势和商品多样性，将赢得更大的市场份额。

商流与物流相辅相成，在商流井喷之下，必然要有相应的物流作为配套。因此，近年来跨境电商的发展是跨境物流行业的一个重要需求增长点。

3. 行业竞争格局

我国跨境出口电商物流服务行业从业企业众多、竞争激烈。部分综合型跨境出口电商物流服务商在出口物流各环节管控能力和物流资源整合运营能力等方面具备突出优势，但其市场占有率仍较低。除此以外，其他企业表现出较强的区域性和专业性，专注于特定区域的业务或特定类型的物流产品，业务规模偏小。整体市场呈现集中度较低、行业参与者众多、市场份额分散的特征。

随着跨境出口电商行业的深入发展和出口货量的增加，货品物理形态、化学性质越加丰富，对运输安全性要求不断提高，对物流服务企业的操作水平、时效保障、运输方式选择、线路规划、处理能力的要求不断提升。近年来，随着跨境电商的蓬勃发展，顺丰控股、通达系、京东物流、菜鸟等国内快递物流行业头部企业纷纷开始海外布局。

资料来源：观研天下．中国跨境电商物流行业现状深度研究与发展前景分析报告（2024—2031年）[EB/OL].（2024-06-20）[2024-11-25]. 百家号.

实训练习

分别比较“图 1-4　2013—2024 年中国跨境电商市场交易规模”和“图 3-1　2019—2023 年我国跨境电商物流市场规模”、“图 1-5　2013—2024 年中国跨境电商交易规模中的进出口结构”和“图 3-2　2023 年我国跨境电商物流市场规模分布（按货品流向）”、“图 1-6　2013—2023 年中国跨境电商交易规模中的 B2B 与 B2C 占比”和“图 3-3　2023

年我国跨境电商物流市场规模分布（按客户类型）”，试着分析中国跨境电商与跨境物流的关系。

单元二 跨境直发物流

一、邮政物流

微课

跨境直发物流——邮政物流

邮政物流的网络基本覆盖全球，比其他任何物流渠道都要广，这主要得益于万国邮政联盟（UPU）和卡哈拉邮政组织（KPG）。万国邮政联盟是联合国下设的一个关于国际邮政事务的专门机构，用于改善国际邮政业务，开展邮政方面的国际合作。2002 年，邮政系统相对发达的 6 个国家和地区（美国、日本、澳大利亚、韩国、中国内地、中国香港）的邮政部门共同成立了卡哈拉邮政组织，后来法国、英国、新加坡和西班牙也加入该组织。卡哈拉邮政组织对成员提出了严格的要求，促使成员之间深化合作，努力提升服务水平。例如，从中国发往美国的邮政包裹，一般 15 天以内可以到达。由于邮政一般为国营，有国家税收补贴，因此邮政包裹具有价格优势。

邮政物流包括中国邮政速递物流分公司的 EMS、ePacket（e 邮宝）以及各国的邮政航空大包、小包等。

（一）EMS

EMS（Express Mail Service），即特快专递邮件业务。国际特快专递（简称国际 EMS）是中国邮政与各国（地区）邮政合作开办的快速类直发寄递服务，可为用户快速传递各类文件资料和物品，同时提供多种形式的邮件跟踪查询服务。该业务与各国（地区）邮政、海关、航空等部门紧密合作，打通绿色便利邮寄通道。此外，中国邮政还提供保价、代客包装、代客报关等一系列综合延伸服务。EMS 的 Logo 如图 3-4 所示。

图 3-4 EMS 的 Logo

EMS 主要有以下优势：

（1）覆盖面广：揽收网点覆盖范围广，目的地投递网络覆盖能力强。

（2）收费简单：无燃油附加费、偏远附加费、个人地址投递费。

（3）全程跟踪：邮件信息全程跟踪，随时了解邮件状态。

（4）清关便捷：享受邮件便捷进出口清关服务。

目前，EMS 可以直达 100 多个国家及地区。将所达国家（地区）分为九个大区，每个区的首重和续重价格不同，无燃油附加费。到绝大多数国家（地区），单个包裹的计费重量不得超过 30 千克。EMS 的通达国家（地区）如表 3－1 所示。

表 3－1 EMS 的通达国家（地区）

资费区	通达国家（地区）
一区	中国香港、中国澳门、中国台湾
二区	朝鲜、韩国、日本
三区	菲律宾、柬埔寨、马来西亚、蒙古国、泰国、新加坡、印度尼西亚、越南
四区	澳大利亚、巴布亚新几内亚、新西兰
五区	美国
六区	爱尔兰、奥地利、比利时、丹麦、德国、法国、芬兰、荷兰、加拿大、卢森堡、马耳他、南非、挪威、葡萄牙、瑞典、立陶宛、瑞士、西班牙、希腊、意大利、英国
七区	巴基斯坦、老挝、孟加拉国、尼泊尔、斯里兰卡、土耳其、印度
八区	阿根廷、阿联酋、巴拿马、巴西、白俄罗斯、波兰、俄罗斯、哥伦比亚、古巴、圭亚那、捷克、秘鲁、墨西哥、乌克兰、智利、匈牙利、以色列、约旦、黎巴嫩、乌拉圭、哥斯达黎加
九区	阿曼、埃及、埃塞俄比亚、阿塞拜疆、爱沙尼亚、巴林、保加利亚、博茨瓦纳、布基纳法索、刚果（布）、刚果（金）、哈萨克斯坦、吉布提、几内亚、加纳、加蓬、卡塔尔、开曼群岛、科特迪瓦、科威特、克罗地亚、肯尼亚、拉脱维亚、卢旺达、罗马尼亚、马达加斯加、马里、摩洛哥、莫桑比克、尼日尔、尼日利亚、塞内加尔、塞浦路斯

备注：叙利亚、伊拉克暂时无法通达。

计泡是指对包装后的邮件，取体积重量和实际重量中的较大者，作为计费重量，再按照资费标准计算应收邮费。体积重量的计算方法为：

国际特快专递：对交寄物品的长、宽、高三边中任一单边达到 40cm 的特快物品进行计泡，计泡系数为 6 000，计泡公式：体积重量（kg）＝长（cm）×宽（cm）×高（cm）/计泡系数，测量邮件的长、宽、高测量值精确到厘米，厘米以下去零取整。

（二）ePacket（e 邮宝）

ePacket，又称 e 邮宝，是中国邮政为适应跨境轻小件物品寄递需要开办的标准类直发寄递业务。目前，e 邮宝已覆盖主流路向，其中部分路向开通了 e 邮宝特惠业务，国际干线以水陆路方式运输。该业务依托邮政网络资源优势，境外邮政合作伙伴优先处理，为客户提供价格优惠、时效稳定的跨境轻小件寄递服务。e 邮宝的 Logo 如图 3－5 所示。

图 3－5 e 邮宝的 Logo

e邮宝主要有以下优势：

（1）在线打单：在线订单管理，方便快捷。

（2）时效稳定：重点路向全程平均时效（参考时效）为7～15个工作日，服务可靠。

（3）全程跟踪：提供主要跟踪节点扫描信息和妥投信息，安全放心。

（4）平台认可：主流电商平台认可和推荐物流渠道之一，品牌保障。

目前，e邮宝可以直达60多个国家及地区：阿联酋、爱尔兰、爱沙尼亚、埃及、奥地利、澳大利亚、巴西、白俄罗斯、比利时、波兰、丹麦、德国、俄罗斯、法国、菲律宾、芬兰、哥伦比亚、格鲁吉亚、哈萨克斯坦、韩国、荷兰、吉尔吉斯斯坦、加拿大、柬埔寨、克罗地亚、拉脱维亚、老挝、卢森堡、罗马尼亚、马耳他、马来西亚、美国、缅甸、摩尔多瓦、摩洛哥、墨西哥、南非、挪威、葡萄牙、日本、瑞典、瑞士、塞尔维亚、塞浦路斯、沙特阿拉伯、斯洛伐克、斯洛文尼亚、泰国、土耳其、乌克兰、乌拉圭、西班牙、希腊、新加坡、新西兰、匈牙利、以色列、意大利、印度、印度尼西亚、英国、越南、智利等。除了俄罗斯、以色列、英国等几个国家的限重为5 000克外，其他国家和地区的限重都是2 000克。

（三）国际挂号小包

国际挂号小包业务是中国邮政基于万国邮联网络，针对2 000克以下小件物品推出的标准类直发寄递服务，通达全球200多个国家和地区。国际挂号小包可通过线上与线下两种渠道进行发货，为客户提供全程可控、清关便利的轻小件寄递服务。

国际挂号小包主要有以下优势：

（1）平台认可：挂号小包业务是最早在主流电商平台上线的物流解决方案之一，可通过线上线下两种渠道发货。

（2）交寄便利：全国大部分地区可交寄挂号小包，线上渠道提供上门揽收、客户自送等多种交寄方式。

（3）赔付保障：丢损赔付，安心交寄（不同渠道赔付标准详情请咨询本地客户经理）。

（4）全程可控：对主要路向提供全程跟踪信息，并提供异常情况查询、收件人签收等增值服务。

（四）国际平常小包

国际平常小包是中国邮政基于万国邮联网络，针对2 000克以下小件物品推出的经济类直发寄递服务，通达全球200多个国家和地区。国际平常小包可通过线上与线下两种渠道进行发货，为客户提供经济实惠、清关便捷的轻小件寄递服务。

国际平常小包主要有以下优势：

（1）平台认可：平常小包业务是最早在主流电商平台上线的物流解决方案之一，可通过线上线下两种渠道发货。

（2）交寄便利：全国大部分地区可交寄平常小包，线上渠道提供上门揽收、客户自送等多种交寄方式。

（3）性价比高：平常小包为经济型产品，性价比高。

（4）渠道多样：部分路向提供航空、陆运等多种运输方式。

（五）国际包裹

国际包裹业务是中国邮政基于万国邮联体系推出的标准类直发物品寄递服务，可以通达全球200多个国家和地区。

国际包裹主要有以下优势：

（1）通达广泛：通达全球200多个国家和地区。

（2）运输灵活：客户可以自主选择航空、陆运或者空运水陆路三种运输方式（部分路向只接受特定运输方式的包裹服务）。

（3）全程跟踪：提供全程轨迹跟踪信息。

（4）补偿服务：对丢失、损毁的包裹提供补偿服务。

国际包裹业务针对不同的国家或地区，有不同的水陆路包裹最高限重、航空包裹最高限重、水陆路包裹最大尺寸规格和航空包裹最大尺寸规格。表3－2列出了国际包裹针对不同寄达地的航空包裹最高限重。

表3－2 国际包裹针对不同寄达地的航空包裹最高限重

寄达地	航空包裹最高限重（kg）
哥伦比亚、巴基斯坦	50
奥地利、德国、埃塞俄比亚、芬兰、海地、约旦、墨西哥、秘鲁、美国	31.5
阿松森岛、阿联酋、阿富汗、阿塞拜疆、比利时、布基纳法索、保加利亚、巴林、布隆迪、贝宁、文莱、巴西、不丹、博茨瓦纳、白俄罗斯、加拿大、刚果（金）、中非共和国、刚果（布）、瑞士、科特迪瓦、智利、喀麦隆、哥斯达黎加、库拉索、塞浦路斯、捷克、吉布提、厄瓜多尔、爱沙尼亚、埃及、西班牙、福克兰群岛（马尔维纳斯群岛）、法国、英国、格鲁吉亚、加纳、冈比亚、几内亚、危地马拉、克罗地亚、印度尼西亚、爱尔兰、伊拉克、冰岛、意大利、日本、肯尼亚、柬埔寨、基里巴斯、科威特、老挝、黎巴嫩、列支敦士登、斯里兰卡、立陶宛、卢森堡、摩洛哥、黑山、北马其顿、马里、蒙古国、毛里塔尼亚、马耳他、毛里求斯、马拉维、马来西亚、莫桑比克、尼日尔、尼日利亚、尼加拉瓜、荷兰、挪威、新西兰、巴拿马、法属波利尼西亚、葡萄牙、卡塔尔、罗马尼亚、塞尔维亚、卢旺达、沙特阿拉伯、塞舌尔、苏丹、新加坡、斯洛文尼亚、塞拉利昂、圣多美和普林西比、圣马丁（荷兰属）、叙利亚、乍得、多哥、泰国、突尼斯、土耳其、坦桑尼亚、乌克兰、乌干达、乌拉圭、委内瑞拉、越南、萨摩亚、也门、南非、赞比亚、津巴布韦	30
伯利兹、多米尼加、瓦努阿图	25
多米尼克	22

续表

寄达地	航空包裹最高限重（kg）
安圭拉岛（英）、阿尔巴尼亚、亚美尼亚、安哥拉、阿根廷、澳大利亚、阿鲁巴、波黑、巴巴多斯、孟加拉国、百慕大群岛、玻利维亚、巴哈马、佛得角、丹麦、阿尔及利亚、厄立特里亚、斐济、加蓬、格林纳达、直布罗陀、希腊、圭亚那、匈牙利、以色列、印度、伊朗、牙买加、吉尔吉斯斯坦、科摩罗、圣基茨和尼维斯、韩国、哈萨克斯坦、圣卢西亚、利比里亚、莱索托、拉脱维亚、利比亚、摩尔多瓦、马达加斯加、缅甸、马尔代夫、纳米比亚、新喀里多尼亚、尼泊尔、阿曼、巴布亚新几内亚、菲律宾、波兰、巴勒斯坦、巴拉圭、俄罗斯、所罗门群岛、瑞典、圣赫勒拿、斯洛伐克、塞内加尔、苏里南、南苏丹、萨尔瓦多、斯威士兰、塔吉克斯坦、东帝汶、土库曼斯坦、汤加、特立尼达和多巴哥、乌兹别克斯坦、梵蒂冈、圣文森特和格林纳丁斯、英属维尔京群岛	20
古巴、开曼群岛、特里斯坦-达库尼亚	10

微课

跨境直发物流——国际快递

二、国际商业快递

跨境零售电商常用的国际商业快递方式包括 DHL、FedEx、UPS、TNT、顺丰国际等。这些国际商业快递商通过自建的全球网络，利用强大的 IT 系统和遍布世界各地的本地化服务，为网购中国产品的海外用户提供了良好的购物体验。例如，通过 UPS 寄达到美国的包裹，最快可在 48 小时内到达。然而，优质的服务伴随着昂贵的价格。一般而言，中国卖家只有在客户对时效性要求很高的情况下，才会使用国际商业快递来派送商品。国际商业快递的基本运费计算涉及以下多个因素。

（1）计费重量单位。在国际快递行业中，一般的计费重量单位是每 0.5kg。

（2）首重与续重。首重通常是指第一个 0.5kg 的费用，而每增加 0.5kg 就被视为一个续重。通常情况下，首重的费用会比续重高。

（3）实重与材积。实重是指包括包装在内的实际总重量。材积又称体积重量，是指物品体积较大而实重较轻时，因运输工具的承载能力和能装载物品体积所限，需要将物品体积折算成重量。如果物品的体积重量大于实际重量，则该物品被称为轻泡物。一般来讲，国际快递的体积重量计算方法为：(长×宽×高)/5 000。这里的长、宽、高单位是 cm，得到的数值的单位是 kg。

（4）计费重量。在货物运输过程中，计收运费的重量是按整批货物的实际重量和体积重量两者之中较高的计算。

（5）包装费用。一般来说，快递公司会免费提供包装，并提供纸箱、气泡膜等包装材料。如果物品本身需要特殊的包装，如贵重、易碎物品，快递公司可能会收取一定的包装费用，但这些费用通常不会计入折扣。

（6）通用运费计算公式。根据不同情况，通用运费计算公式会有所不同。当需寄递物品实际重量大于体积重量时，运费的计算方法为：

运费＝首重运费＋[(重量(kg)×2－1)]×续重运费

当需寄递物品实际重量小而体积重量较大时，则运费需按材积标准收取，然后按上述公式计算运费总额。

(7) 总费用。总费用是由运费、燃油附加费、折扣、包装费用和其他不确定附加费用组成的。

(8) 燃油附加费。燃油附加费是由于燃油价格的波动而产生的费用，它通常随着燃油价格的变化而调整，而且不同的国际快递公司收取的燃油附加费也略有差别。

(9) 折扣。因为国际快递代理商能够给国际快递公司提供稳定的货量，所以国际快递代理商获得的折扣自然就大。成为国际快递代理商的大客户还能享受折扣价上的折扣价，比直接与国际快递公司合作的价格更低。

(10) 特殊服务费用。如果需要国际快递公司提供额外的服务，如保险、签收确认、逆向物流等服务，那么还会产生额外的特殊服务费用。

(一) DHL

1969 年，Adrian Dalsey、Larry Hillblom 和 Robert Lynn 创建了一家航空货运公司，并以三位创始人的姓氏首字母命名了这家公司——DHL。DHL 的 Logo 如图 3-6 所示。如今的 DHL 已经成为全球著名的邮递和物流集团，在 220 多个国家和地区开展业务，拥有超 60 万名员工。DHL 正常情况下 2～6 个工作日可送达，寄送到西欧和北美地区有优势，欧洲国家一般 3 个工作日、东南亚一般 2 个工作日即可送达。查询网站对货物状态更新也比较及时。对于大多数国家和地区，如果单件重量超过 70kg 时，DHL 会加收超重费。

图 3-6 DHL 的 Logo

(二) FedEx

FedEx 全称是 Federal Express，即联邦快递，成立于 1971 年，是一家国际性速递公司，提供隔夜快递、地面快递、重型货物运送、文件复印及物流服务。FedEx 的 Logo 如图 3-7 所示。FedEx 在东南亚很有实力，到中南美洲和欧洲的价格较有竞争力，到其他地方运费较贵，网站信息更新快、网络覆盖全面、查询方便快捷。FedEx 分为优先型服务（International Priority，IP）和经济型服务（International Economy，IE），FedEx IP 比 FedEx IE 时效更快、价格更高。FedEx IP 的送达时间一般为 2～5 个工作日，IE 通常比 IP 慢 1～3 个工作日。FedEx 对货物总重量没有限制，对单件毛重超过 68kg 的货物加收超重费。

图 3-7 FedEx 的 Logo

(三) UPS

UPS 全称是 United Parcel Service，即联合包裹服务公司，于 1907 年作为一家信使公司在美国西雅图市成立，全球总部位于美国亚特兰大市。UPS的Logo如图3－8所示。UPS主要提供四种快递服务，其中全球速快（UPS Worldwide Saver）俗称红单，全球快捷（UPS Worldwide Expedited）俗称蓝单。UPS的强项在美洲等线路，派送时间为2～4个工作日。UPS规定每件包裹的重量上限为70kg，重量限制较为复杂，非纸箱包装或畸形包装等需加收费用，单件实重超过32kg或者长度超过一定限制的货物，需加收额外费用。

图3－8　UPS的Logo

（四）TNT

TNT快递成立于1946年，总部位于荷兰阿姆斯特丹，时效快，清关能力强，查询方便，处理问题及时。TNT的Logo如图3－9所示。TNT在欧洲拥有密集的网点，尤其在德国、英国、法国等核心市场占据较高份额。TNT的国际网络覆盖世界200多个国家和地区，在欧洲和亚洲均有高效的递送网络。TNT Express到欧洲和北美的送达时间一般为2～3个工作日；TNT Economy到欧洲的送达时间一般为6～7个工作日，到北美约为10个工作日。TNT规定单件包裹实际重量不超过70kg。

图3－9　TNT的Logo

（五）顺丰国际

1993年，顺丰速运成立于广东顺德，总部位于深圳。2010年，顺丰速运在新加坡设立分公司，启动国际化布局。经过多年发展，顺丰速运已成为国内领先的快递物流综合服务商、全球第四大综合物流服务提供商。顺丰国际标快服务覆盖范围广泛，可送达亚洲、欧洲及美洲多个国家及地区，递送范围已经超过200多个国家及地区。顺丰国际的Logo如图3－10所示。顺丰国际提供高品质的门到门快递服务，确保时效快且安全有保障。顺丰速运在中国拥有强大的服务网络，国内服务网点分布广，收派队伍人员服务意识强，服务队伍庞大。近年来，顺丰国际发展迅速，但是与老牌竞争对手相比，在快递服务的时效和服务质量方面有待进一步提升。

图3－10　顺丰国际的Logo

三、专线物流

跨境专线物流一般是通过航空包舱方式运输到国外，再通过合作公司进行目的国的派送。市面上最普遍的专线物流产品是美国专线、欧洲专线、澳大利亚专线、俄罗斯专线等，也有不少物流公司推出了中东专线、南美专线、南非专线等。跨境专线物流通过规模效应降低了成本，因此，价格比商业快递低，速度快于邮政小包，丢包率也比较低。专线物流具有以下几个特点。

微课

跨境直发物流——专线物流

（1）运输时效快。由于专线物流都是点对点的线性运输方式，因此，专线物流能更好地节约时间成本，不会因为停靠、中转、中途卸货等其他因素造成时间延误。空运专线一般 7～15 天即可完成派送。

（2）承运物品种类丰富。与一般的物流渠道相比，专线物流可以承接的物品种类比较丰富，可以满足不同产品类型的需求。例如：电池产品、化妆品等物品都有相应的运输渠道。

（3）性价比高。国际专线是性价比较高的物流渠道，主要表现在两个方面：一是在时效上，国际专线的速度比商业快递慢一点，比邮政小包快；二是在运费上，国际专线的价格比商业快递便宜，与邮政小包的价格相差不多。总的来说，国际专线在时效和运费上都有较高的性价比。

（4）清关高效。国际专线大部分采用双清包税模式，关税预付的模式能够提高货物的清关效率，解决卖家担心的清关问题，有效提升整体的物流时效。

（一）菜鸟国际

菜鸟成立于 2013 年，孵化于阿里巴巴的电子商务生态系统中。菜鸟的 Logo 如图 3－11 所示。菜鸟主要为中国进出口商家、品牌及电商平台提供一体化端到端跨境物流解决方案，致力于“中国走向全球”和“全球走向中国”的跨境包裹运输。菜鸟是全球领先的跨境电商物流企业，也是国内物流行业的领先者。菜鸟国际推出一系列优先型、标准型及经济型产品，旨在满足客户对运输时间、成本、目的地及特殊处理要求的不同需求。

CAINIAO 菜鸟

图 3－11　菜鸟的 Logo

优先型产品是菜鸟针对西班牙、荷兰、英国、比利时等市场需求旺盛国家的全链路升级解决方案，预计时效为 5～10 个自然日，部分地区包裹最快 5 日可送达海外消费者，为高货值商品提供全链路妥投保障。

标准型产品是菜鸟跨境物流的核心产品之一，核心国家时效一般是 10～18 个自然日，商品揽收完成后，最快 7 日可送达英国、法国、德国等核心国家。商家可体验国内主要地区免费揽收、一件起揽等快捷服务。

经济型产品是为轻小件推出的经济型特色解决方案，时效为 20～45 个工作日，2 美元的物流成本，上限可适配 0～8 美元的轻小件主流产品。5～8 美元商品的物流费用相较标准型产品进一步下降。

（二）Aramex

Aramex即安迈世，在国内也称为“中东专线”，是通往中东地区的重要国际物流渠道。安迈世的Logo如图3－12所示。Aramex创建于1982年，总部位于阿联酋，是中东地区的国际快递巨头。它在中东地区具有清关速度快、时效性强、覆盖面广、经济实惠等特点，但是在其他地区优势并不明显。Aramex的标准运费包括基本运费和燃油附加费。与其他国际快递一样，Aramex也要计算体积重量。2012年，中外运空运发展股份有限公司与安迈世国际物流集团合资成立中外运-安迈世。

图3－12　安迈世的Logo

（三）燕文物流

燕文物流成立于1998年，是国内领先的跨境出口综合物流服务商，在全国已设置六大分拨中心和37个集货转运中心，跨境物流线路通达全球200多个国家和地区，与各大跨境电商平台都有合作。燕文物流的Logo如图3－13所示。燕文物流提供多样化的跨境出口物流服务，包括燕文澳大利亚专线、燕文美国快线、燕文英国RM快线、燕文德国快线、燕文轻小件专线、燕文化妆品专线、燕文大货专线等。

图3－13　燕文物流的Logo

（四）Ruston

Ruston，俗称俄速通，成立于2013年，是行业内公认的对俄跨境电商的主流物流服务商。俄速通的Logo如图3－14所示。俄速通是由黑龙江俄速通国际物流有限公司提供的中俄航空小包专线服务，是针对跨境电商客户物流需求的小包航空专线，渠道时效性强、稳定，并提供全程物流跟踪服务。俄速通是联合俄罗斯邮局推出的服务产品，俄罗斯境内的递送环节由俄罗斯邮政承接，递送范围覆盖俄罗斯全境。

图3－14　俄速通的Logo

行业洞察

菜鸟、极兔、顺丰、跨越速运、纵腾……
谁在服务“出海四小龙”？

当前，以SHEIN、AliExpress（全球速卖通）、Temu、TikTok Shop为代表的“出海四小龙”，正在全球范围内“狂奔”。

回顾国内电商平台的发展，几乎是以一举之力重塑了物流行业的“半壁江山”，催生了一批定位于高性价比的电商型快递企业，并且在某一阶段推动了国内“大车队”模式的兴起。直到现在，电商也影响着物流模式的创新。那么，如今的跨境电商“出海四小龙”又会如何影响国内的物流企业？

SHEIN：“小单快返”，直邮为主

SHEIN供应链模式的特征是“小单快返”。顾名思义，就是企业用100到200件的小批量订单来测试市场反应，根据测试情况及时调整生产计划。这样既保证了对市场需求极强的反应能力，又尽量避免了库存的积压。单单从这一段话我们就能明白，为何SHEIN会诞生在中国，因为只有中国才具备承接这样小订单的能力。为了追踪到大量的小订单，SHEIN大力推进供应链的数字化。据国内某家与SHEIN合作过的物流企业透露，SHEIN在物流管理上并不追求极致低价，反而对数字化能力要求比较高。

SHEIN 95%的商品都是从位于广东佛山的国内中心仓直发，中心仓周边设置多个卫星仓。SHEIN国内物流部分主要是全国各地的厂家将产品运送到中心仓，这一环节除了自有物流外，顺丰和跨越速运也是其主要的合作方。据了解，顺丰主要负责广东省外部分，SHEIN自有物流和跨越速运主要负责广东省内部分。

根据运联智库的了解，除了顺丰和跨越速运外，SHEIN也与一些中小型物流公司合作。仓与仓之间的货物流转、产品进仓服务等则由一些中小型的物流服务商来提供。

在出口方面，SHEIN多采用跨境直邮，主要外包给纵腾集团。2022年7月，SHEIN与南航物流正式签订战略合作协议，开展部分国内直邮业务。2024年2月，SHEIN与东航物流也开始全面深化战略合作。

不止是SHEIN，其他跨境电商平台近年来也在积极拓展国际航空干线运输资源。这既是保障客户物流体验的根本举措，也是持续优化自身物流能力的应有之举。尤其是在SHEIN向第三方卖家开放入驻之后，建立一套高质量运转的物流体系，已经成为SHEIN必须要做的事情了。

SHEIN的海外运营仓负责约5%商品的区域性配送。SHEIN海外运营仓分布在中国香港、比利时、印度、美国等国家和地区。此外，SHEIN在海外也建立了少量的中转仓，分布在沙特阿拉伯、阿联酋、意大利、澳大利亚、越南等多个国家和地区，中转仓只负责接收消费者的退货，不进行发货。

全球速卖通：与菜鸟“组团”出海

2010年成立的全球速卖通，是“出海四小龙”里出海时间最久的平台，也是其中唯一自建物流的玩家。菜鸟负责全球速卖通的国内揽收、干线运输、海关清关、末端配送等全物流流程。与菜鸟的协同，对于全球速卖通来说，是一种独特的物流竞争优势。

2023年9月26日，全球速卖通联合菜鸟正式宣布上线“全球五日达”国际快线产品，首批落地英国、西班牙、荷兰、比利时和韩国5个国家。这是全球跨境电商物流领域的领先性产品，五国消费者在Choice频道下单带有“5 - day delivery”（全球五日达）

标识的商品，可在 5 个工作日收到来自中国的包裹。

根据全球速卖通内部的前期测试结果，“全球五日达”快线产品对全托管商家单量和消费者复购带来极大帮助。这一点在阿里巴巴集团 2024 年 2 月发布的财报中得到了某种程度的验证。2024 年 3 月，菜鸟“全球五日达”国际快递能力覆盖至 10 个国家，订单实现强劲的三位数环比增长。

不过，菜鸟主要在全球速卖通的物流服务上负责的是供应链节点建造和线路规划，运力则外包给全球合作的物流供应商，如燕文、递四方、新加坡邮政、英国邮政、中通、圆通、EMS 等。值得关注的是，在末端配送方面，为了提升物流时效，菜鸟在欧美等重点市场搭建了高效的清关、分拨和末端配送网络，包裹在当地被揽收后，绝大部分区域第二天即可完成配送。

Temu：加紧补齐物流短板

拼多多旗下的跨境电商平台 Temu 的市场战略，与拼多多是一脉相承的：主打低价。物流成本低是 Temu 低价策略的一个重要支撑。

发展早期，Temu 并没有在物流上投入太大精力，主要是外包管理，合作方有顺丰、极兔、邮政等快递企业，以及云途、递一、递四方等专注跨境电商的物流企业，再由合作方与 UPS、FedEx、USPS 等本地物流服务商洽谈。不过，根据媒体透露的消息，极兔于 2024 年 1 月和 Temu 洽谈新的合作，将不再为 Temu 提供“端到端”的全链路解决方案，而是专注尾程服务。之所以发生这样的变化，是因为 Temu 的订单量越来越大。为了保证物流体验和控制物流成本，Temu 开始对物流采用分段外包的管理，这类似于另一种形式的“自建”。

Temu 的物流分段式管理主要分为三段：国内头程运输、国际干线、海外尾程运输。国内头程运输采用的是统一仓配模式：商家将商品提前配送至 Temu 分布在广东各地的仓库，然后由平台统一空运至海外。运联智库了解到，进仓这一段中短途业务，主要以快递、快运为主。而国际干线、海外尾程配送段，则是物流服务商将揽货、航空干线、清关、尾程配送进行整合，提供门到门服务。不过正如前面所提到的，Temu 正在对这两个环节进行调整。

自 2023 年 11 月开始，Temu 与美森、以星、达飞、马士基、中远海运等世界著名船公司展开合作，致力于通过海运快船形式，优化整体跨境物流成本。

为优化整体跨境物流成本，Temu 已启动美国本土的海外仓建设，计划在美国东部和西部各建一个。不过在海外仓完善之前，空运还将成为 Temu 主要的干线运输方式。

TikTok Shop：物流建设尚在早期阶段

相比于其他三家，TikTok Shop 最大的“杀手锏”是靠直播和短视频积累起的庞大流量池，而在物流布局上相对比较薄弱。

根据现有的公开资料，TikTok Shop 目前每天平均单量为几十万，合作了 20 多家物流服务商。

TikTok Shop 国内段和 Temu 非常相似，快递主要和极兔合作，快运则选择了顺丰和跨越速运。国外本土段则基本采用外包的方式，这是跨境电商平台早期基本都会采用的方式。

值得关注的是，东南亚是国内物流企业海外起网的重点区域，早期出海的“排头兵”在当地已经有了非常可观的网络布局。

根据公开资料，TikTok Shop 已经和百世、极兔等物流企业开展了合作。2023 年半年的时间，百世已经拿下 TikTok Shop 东南亚五国中越南、泰国、马来西亚 3 个国家的合作业务。

资料来源：杨宏远．菜鸟、极兔、顺丰、跨越速运、纵腾……谁在服务“出海四小龙”？[EB/OL]．(2024-04-26) [2024-12-25]．运联智库.

实训练习

请进入“中国邮政协议客户门户”官网，点击“报价查询”栏目。查询并记录下列三种物品分别寄往美国和俄罗斯的资费（见表 3-3），再写出三种业务产品的总资费计算公式。

表 3-3　寄往美国和俄罗斯的资费

物品	寄达国	业务产品		
		EMS	e 邮宝	航空挂号小包
手机壳 重量：100 克 货值：6 美元	美国			
	俄罗斯			
T 恤衫 重量：480 克 货值：25 美元	美国			
	俄罗斯			
鞋子 重量：1 800 克 货值 30 美元	美国			
	俄罗斯			

单元三 海外仓储物流

微课
海外仓储物流

海外仓是由物流企业、跨境电商平台或大型跨境电商卖家等专业化主体在境外通过自建或租用运营的数字化、智能化仓储设施。海外仓的出现改变了传统的外贸模式，极大地提高了时效，节约了成本。作为跨境电商重要的境外节点，目前，我国海外仓数量已经突破2 500个，业务范围辐射全球。

2021年《政府工作报告》提出，加快发展外贸新业态新模式，充分发挥跨境电商作用，支持建设一批海外仓。近年来，国家对海外仓的发展出台了一系列政策。2023年11月27日，国家市场监督管理总局、国家标准化管理委员会发布了《跨境电子商务海外仓运营管理要求》(GB/T 43291—2023)。2024年6月12日，商务部等9部门发布《关于拓展跨境电商出口推进海外仓建设的意见》。该意见指出，跨境电商是以科技创新为驱动，积极运用新技术、适应新趋势、培育新动能的外贸新业态新模式，与海外仓等新型外贸基础设施协同联动，能够减少中间环节、直达消费者，有利于促进外贸结构优化、规模稳定，有利于打造国际经济合作新优势，已经成为我国外贸发展的有生力量，也是国际贸易发展的重要趋势。

目前，跨境电商B2B出口主要包括以下两种模式。

“9710”：简称“跨境电商B2B直接出口”，指境内企业通过跨境电商平台与境外企业达成交易后，通过跨境物流将货物直接出口送达境外企业。

“9810”：简称“跨境电商出口海外仓”，指境内企业将出口货物通过跨境物流送达海外仓，通过跨境电商平台实现交易从海外仓送达购买者，并根据海关要求传输相关电子数据。跨境电商出口海外仓（海关监管方式代码“9810”）适用于跨境电商出口海外仓的货物。

一、海外仓的业务流程

海外仓具有境外货物储存、流通加工、本地配送和售后服务等功能，为跨境电商卖家在销售目的地提供货物仓储、分拣、包装和派送的一站式控制与管理服务。确切来说，海外仓储应该包括头程运输、仓储管理和本地配送三个部分，如表3-4所示。

表3-4 海外仓产品服务

头程运输	仓储管理	本地配送
海运 空运	货物入库、上架、存储及出库下架、订单分拣与打包等操作	整合当地物流渠道，提供灵活的当地配送服务

（1）头程运输：中国卖家通过海运、空运、陆运或者联运将商品运送到海外仓库。

（2）仓储管理：中国卖家通过物流信息系统，远程操作海外仓储货物，实时管理库存。

（3）本地配送：海外仓储中心根据订单信息，通过当地邮政或者快递将商品配送给客户。

二、海外仓的运营模式

目前，海外仓的运营模式主要分为三种，分别是第三方海外仓、平台海外仓以及自营海外仓。

（一）第三方海外仓

第三方海外仓是指由第三方企业（多数为物流服务商）建立并运营的海外仓。第三方海外仓可以提供入库质检、接收订单、商品分拣、配送等服务，如纵腾、递四方、出口易等。

（二）平台海外仓

平台海外仓是指依托跨境电商平台建立的仓储配送物流体系。例如：FBA 就是亚马逊的平台海外仓，提供仓储、拣货打包、派送、收款、客服与退货处理的一条龙式物流服务。FBA 仓的物流水平是海外仓行业内的标杆。近年来，全球速卖通、Temu 等跨境电商平台都在积极布局海外仓。

（三）自营海外仓

自营海外仓是指跨境电商卖家自己建造的海外仓。自建仓卖家可以自己掌控和管理仓库，十分灵活。但是，卖家需要自己解决仓储、报关、物流运输等一系列问题。此类自建仓一般都是由大型电商企业或大型进出口企业设立的，对企业自身实力要求较高，如大龙网等。

三、海外仓的优势与劣势

作为跨境电商重要的境外节点，海外仓有助于出口企业将货物批量发送至国外仓库，实现该国本地销售、本地配送。这种新的跨国物流形式有利于解决跨境电商发展的痛点，鼓励电商企业走出去。

（一）海外仓的优势

与跨境直发物流相比，海外仓具有明显的优势。

（1）有效降低物流成本。海外仓的建设可以让出口企业提前将货物批量发送至国外仓库，实现了货物批量运输，降低了运输成本。尤其是对重量超过 400 克的包裹，物流成本低于跨境直发。

（2）提高物流时效。客户下单后，出口企业通过海外仓直接本地发货，不仅节省了配送时间，而且节省了报关清关所用的时间，从而提高了客户购买该产品的概率。

（3）提升客户满意度。货物运输途中一旦出现货物破损、短装、发错货物等情况，客户就会要求退货、换货或重发，这些情况在海外仓能较为轻松地解决，提升了客户体验。

（4）海外仓对商品的体积和重量几乎没什么限制，一些无法通过跨境直发配送的商品能通过海外仓进行配送，如大型家具、大型运动器材等。

（二）海外仓的劣势

虽然海外仓相对于跨境直发物流具有明显的优势，但是因为流程相对复杂，海外仓的一些劣势可能会给卖家的运营带来很大的麻烦。

（1）资金周转不便。卖家选择海外仓需要投入大量的资金，如备货资金、物流资金、仓储资金等，这样会导致资金回流周期长、卖家资金因周转不便而造成资金链断裂。

（2）境外仓储费用高。卖家使用海外仓时必须支付一定的海外仓储费用，不同的国家费用也不同，跨境卖家在选择海外仓时一定要仔细计算各项成本费用。

（3）仓储库存管理麻烦。海外仓的前提条件是卖方需要有一定数量的库存，这不适合新手卖家和销售定制产品的卖家。

（4）受服务商运营能力影响大，可控性差。海外仓受当地政策、社会因素、自然因素等不可控因素的影响，如果海外仓库的服务商在某一环节出现问题，很可能会造成货物交付延误，甚至有货物被没收的可能。

行业洞察

跨境电商贸易规模增长超 10 倍！这个“仓”不一般

轻点购物网站，“中国制造”数日后抵达家门口，世界各地的人们正在享受快速、便捷的购物体验。

中国跨境电商发展有多快？过去 5 年，我国跨境电商贸易规模增长超过 10 倍。据各地初步统计，全国跨境电商主体已超 12 万家，建设海外仓超 2 500 个、面积超 3 000 万平方米。

为进一步支持跨境电商发展，2024 年 6 月 12 日，商务部等 9 部门发布《关于拓展跨境电商出口推进海外仓建设的意见》，提出推动跨境电商海外仓高质量发展等多项举措。梳理近年来一系列支持外贸发展的政策举措，“跨境电商”和“海外仓”都是关键词。

海外仓是什么“仓”？

海外仓，是在境外通过自建或租用运营的数字化、智能化仓储设施，有助于打通跨境贸易“最后一公里”。

业内人士给记者算了一笔账：在普通跨境物流方式下，海外买家下单后，国内卖家需要通过国际物流进行配送，涉及报关、清关等程序，一般耗时 5 至 10 天。直接从海外仓发货的物品，一般 1 至 3 天顾客就能收到。

如果说你对这个“仓”的印象，还停留于货品在海外的“住宅”，那么现在的海外仓，扮演的角色会让你大吃一惊。

让货物下单、发货、运输、配送实现全程可视化，提供消费者画像、定制化数据分析报告……基于数字化管理的海外仓整合物流、仓储、金融、分销等资源于一体，助力跨境电商在技术、模式、供应链等方面形成全新业态。

“既提升了运输时效，也保障了用户体验感。”深圳市堡森三通物流有限公司销售总监说，2020 年以来公司在荷兰、德国、英国建立了 3 个海外仓。

海外仓作为服务跨境电商的重要新型基础设施，直接拉近了中国卖家与国外客户的距离，简化了清关流程，加快了贸易周转，有利于破解退款、退换货等售后服务痛点，有效提升了中国制造的全球竞争力。

全球化、互联网＋、大数据时代，外贸发展新业态越发多样，如何加快建设海外仓？

要看到，海外仓并非在海外租建一个仓库那么简单，需要服务商有足够的资金实力和运行经验，以及应对当地政治、文化、法规差异等不确定风险的能力。

《关于拓展跨境电商出口推进海外仓建设的意见》有针对性地提出了“加强跨境电商行业组织建设与人才培养”“畅通跨境电商企业融资渠道”“提升跨境数据管理和服务水平”等 15 条具体措施。

为推广海外仓建设经验，商务部印发了一批实践案例：有的海外仓对上百万件商品进行智能管控，数据准确率达 99%；有的海外仓根据当地市场特点，制定专属营销策略；有的海外仓打造境外法务、财务、税务团队，帮助客户避免知识产权侵权等违规行为，规避各类税收风险……

展望未来，海外仓发展空间有多广阔？

从政策端来看，从国家到地方均加大力度支持海外仓建设，并以此为抓手挖掘外贸新动能。

从需求端来看，全球电商市场快速增长，跨境电商产业方兴未艾，海外仓向上成长的空间可观。

拼多多跨境电商平台 Temu 上线巴西站点，这是 Temu 开通的第 70 个国家站点，在南美市场布局中迈出重要一步。

阿里巴巴集团运营的跨境平台全球速卖通（AliExpress）2024 年 4 月在韩会员数约为 858 万，比 2023 年 4 月翻了一番。

澳大利亚市场研究公司罗伊·摩根的最新研究报告显示，每月有超过 200 万澳大利亚人在中国跨境电商平台 SHEIN（希音）和 Temu 线上平台购物。德国《商报》称，独家数据显示，1/4 的德国人在中国电商平台购过物。

凭借减少贸易中间环节、打破时空限制、完善物流技术与体系等优势，跨境电商成为我国外贸发展的新引擎。

2024 年一季度，全国跨境电商进出口达 5 776 亿元，增长 9.6%，其中出口 4 480 亿元，增长 14%，占出口比重达 7.8%，拉动出口增长超 1 个百分点。

让全球购物更便捷。随着各项支持政策的进一步落地，以海外仓建设助推跨境电商发展，更多中国品牌将走向全球，更多全球好物将走进中国。

资料来源：谢希瑶．跨境电商贸易规模增长超 10 倍！这个“仓”不一般 [EB/OL].（2024－06－14）[2024－11－25]. 新华网.

实训练习

毛利率（Gross Profit Margin）是毛利与营业收入的比率，其中毛利是收入和与收入相对应的营业成本之间的差额，用公式表示：

毛利率＝毛利/营业收入×100%

＝(主营业务收入－主营业务成本)/主营业务收入×100%

请利用互联网查询美元兑人民币的汇率，并将表 3－5 的信息补充完整。

表 3－5　海外仓成本结构、毛利率测算表

产品	FOB (USD)	FOB (RMB)	产品尺寸 (CM)	包装尺寸 (CM)	单件重量 (KG)	单件体积 (CBM)	头程费用 (RMB)	关税 (RMB)	本地派送费 (RMB)	操作费 (RMB)	平台费用 (RMB)	总成本 (RMB)	总成本 (USD)	建议售价 (USD)	预期利润 (RMB)	毛利率
	15		W44×D38×H40	W49×D45.5×H43.5	6.5	0.09	97	21	32	15	42			50		

模块练习

一、判断题

1. 跨境零售电商业务通常借助第三方物流企业，物流因素对交易主体影响明显。(　　)

2. 主流跨境零售电商平台接受卖家使用邮政包裹、国际快递、专线物流、海运等运输方式。(　　)

3. EMS 可以发往全球任何国家或地区。(　　)

4. 计泡是指对包装后的邮件，取体积重量和实际重量中的较大者，作为计费重量，再按照资费标准计算应收邮费。(　　)

5. 一般来讲，国际快递的体积重量计算方法为：(长×宽×高)/6 000。(　　)

二、不定项选择题

1. 一般来讲，以下哪种物流方式的收费最贵？(　　)

A. 中国邮政小包　B. e 邮宝　C. EMS　D. UPS

2. 全球速卖通等跨境零售平台上不支持哪种物流方式？(　　)

A. 海运　B. DHL　C. EMS　D. UPS

3. 以下哪些是国际快递公司的正确缩写？(　　)

A. FedEx　B. UPS　C. TNT　D. DHL

4. 亚马逊配送的英文名是什么？(　　)

A. AFB　B. FBI　C. FBA　D. ABI

5. 一般情况下，哪一类跨境物流方式运输时间最短？(　　)

A. 邮政包裹　B. 商业快递　C. 专线物流　D. 海运

6. 海外仓的业务流程主要包括（　　）。

A. 头程运输　B. 仓储管理　C. 本地配送　D. 跨境直发

7. 按照运营模式来分类，海外仓主要包括哪几类？(　　)

A. 第三方海外仓　B. 平台海外仓　C. 中转海外仓　D. 自营海外仓

知识拓展

跨境电商的出口模式——9810 模式

一、9810 模式是什么

海关监管方式代码“9810”，全称“跨境电子商务出口海外仓”，简称“跨境电商出口海外仓”。“9810”海关监管方式代码适用于跨境电商出口海外仓的货物。海外仓模式主要是国内企业通过跨境物流将货物以一般贸易方式批量出口至海外仓，经跨境电商平台完成线上交易后，货物再由海外仓送达境外消费者的一种货物出口模式，通常又称跨境电商 B2B2C 出口。从目前的跨境电商的发展来看，跨境电商海外仓是未来跨境电商物流的趋势，海外仓的权重一定会越来越高。

二、9810 模式的登记机构及资质要求

自 2024 年 12 月 15 日起，开展跨境电商出口海外仓业务的企业，无须向海关办理出口海外仓业务模式备案，不再执行海关总署公告 2020 年第 75 号中“三、企业管理”项下第二款“开展出口海外仓业务的跨境电商企业，还应当在海关开展出口海外仓业务模

式备案”的要求。企业在申报环节仍需向海关传输订仓单电子数据，并对真实性负责。

三、9810 模式的优势

（一）提升整体效率，降低时间成本

跨境物流的链条相对较长，主要环节包括国内物流、国内海关、国外海关、国外物流等，即便在空运物流形式下，通常也需要 15 天左右才能到达消费者手中，而且卖家面临着货物破损率高、旺季拥堵等风险。

在出口海外仓模式下，跨境电商出口企业采取“单未下、货先行”的运营模式，先将货物批量发送至海外仓，可在目的国就近发货，商品到消费者手中只需要经历国外本土物流一个环节，其他环节都已经前置完成，大大缩短了物流时间，甚至能够实现当日达、次日达，提高了货物送达和售后效率，有效降低了破损丢包率，大幅提升了消费者的购买体验，促进了消费者复购。

（二）降低物流成本

跨境电商 B2C 直邮出口以邮政小包为主，通常采用航空客机带货方式，近年来价格逐年上涨。而在 B2B2C 模式下，出口企业先将商品以一般贸易方式批量出口到海外仓，物流方式通常以海运为主，有效地节省了国际物流成本。更低的物流成本意味着出口企业能够获得更高的利润。

（三）增加销量

商品进入海外仓后，商品所在地即为海外本地。在海外消费者选购商品时，为缩短收货时间，企业通常会优先选择当地发货，因此海外仓出口模式有助于增加销量。此外，在海外仓出口模式下，物流时间大幅缩短，使得消费者因物流时间过长和物流信息不及时导致的物流纠纷明显减少，有助于提升商品交易量和企业快速回款。

（四）售后服务更有保障

在 B2C 模式下，发生商品退换货问题时，由于再发货成本过高和时间过长，大多数企业会选择退单，在本地销毁、废弃商品；即便是换货，大概率会导致海外消费者的负面评价，消费者的售后体验较差。

在出口海外仓模式下，对于海外消费者遇到的货物破损、短装、错发等情况，企业可通过海外仓对商品进行高效的退换、重发等服务。企业可以通过海外仓对退货的商品进行维修和二次包装，或批量复运回国内进行维修。这样，企业省时省心省力，能够给消费者带来更高品质的售后服务保障。

（五）享受通关便利

在出口海外仓模式下，海关为了鼓励跨境电商发展，对于跨境电商 B2B 出口货物会优先安排检查。跨境电商 B2B 出口货物退货可以按照跨境电商类进行转关。国内企业还可享受申报、物流等环节的通关便利。

模块四 产品开发

学习目标

- **知识目标**

  1. 了解跨境电商产品开发的概念
  2. 了解跨境电商产品开发的流程
  3. 了解知识产权侵权类型和防范
  4. 了解产业集群和产品采购的渠道

- **技能目标**

  1. 能够利用互联网完成市场需求调研
  2. 能够编制采购单

- **素养目标**

  1. 培养全球视野
  2. 培养对国际贸易行业的职业认同感
  3. 增强民族自豪感和自信心
  4. 培养知识产权的保护意识

单元一 产品开发与市场需求调研

一、产品开发的概念

微课

产品开发

产品开发是指企业改进老产品或开发新产品，使其具有新的特征或用途，以满足客户的需要。在传统的国际贸易活动中，产品开发大多是由国外采购商采取大批量订货的方式完成。也就是说，采购商提出产品要求，国内外贸企业根据要求生产相应的产品。因此，在传统的外贸行业中，对于业务员来说，产品开发并不是工作的重点。但是在跨境电商行业，需要外贸业务员先在平台上上传产品以供客户采购，因此选择什么样的产品就成了一个至关重要的环节。

在跨境电商行业，产品开发除了表示企业开发新产品或改进老产品外，常常用来指选品，即卖家在市场上选择合适的现有产品或者向企业订购特定的产品用于销售。

产品开发是非常重要的，好的产品意味着成功了一半。如果产品选不好，即使企业花费大量的人力和资源，运营效果也不会好。生活的经验告诉我们，在着手做一件事情之前，正确的方向往往比方法重要，选品决定了企业运营的方向。卖家在进行产品开发时，要注意以下几个方面。

（1）开发的产品要与店铺的定位相吻合，卖家应确定是采取平价模式还是精品模式、服务大众还是高端群体。

（2）开发的产品要符合买家需求，不仅要满足买家现在的需求，还要能创造和引导潜在的需求。与国内电商不同，跨境电商卖家面对的是来自世界各地的消费者，他们具有不同的文化背景、消费实力和审美取向等，需求也不尽相同。

二、产品开发的模式

对于跨境电商企业而言，常见的产品开发模式主要有 3 种，分别是公模、私模和专利。

（一）公模

公模是指厂商开好模后，其他人通过购买的方式来获得。公模的特点是公开的、可购买的、容易获得的。由于这种模式下开发出的新品相似度较高，因此，消费者在不同的电商平台或者店铺里，经常会看到很多除 Logo 不同外没有太大区别的产品。能够成为公模的产品，都是经过市场验证过的比较成熟的产品，产品之间的竞争相对激烈。

（二）私模

私模是指市面上只有一家供应商生产，数量少，竞争相对不那么激烈。由于私模产品大多未经过市场验证，因此卖家对其销量是比较难预测的。与公模产品相比，私模产品的风险更高，但利润也会更高，需要运营者对产品进行充分的调研测试和工厂检验，再决定是否要做这款私模。

（三）专利

专利产品有两种：一种是卖家自己开发专利产品，难度极高，但利润空间非常高；另一种则是代销专利产品，有一定的开发难度，同时对卖家自身实力有一定的要求。能够生产专利产品的工厂，实力基本上都较强大。

三、产品开发的流程

产品开发分为前期和后期两个阶段。前期主要是形成开发思路和市场调研，后期则是成本核算、寻找货源等。企业需要根据目标市场的需求和特点，研制开发适合该市场的产品。企业需要考虑到产品的质量、价格、包装、售后服务等因素。如果新产品或新品种涉及专利、商标等知识产权，企业还需要在相关部门进行注册或备案，以保护自己的合法权益。

产品开发流程大致可以分为以下几个步骤：

（1）对目标市场进行全面的调研，包括市场概况、市场规模、市场需求、竞争对手、市场价格等情况；

（2）对新品进行比价、议价，通过成本核算，筛选出目标产品，保证新产品具有市场竞争力；

（3）控制产品的质量风险，确保没有侵犯知识产权等；

（4）负责寻找优质供应商，开发有潜力、畅销的优质新品，丰富产品线；

（5）将开发的产品整理分类并做好相应的资料管理。

四、国际市场需求调研

国际市场需求调研是指企业通过搜集、记录、整理并分析国际市场上相关的数据和信息，深入了解目标市场对特定商品或服务的需求状况、消费趋势、竞争情况以及潜在的市场机会等，以便制定出有效的营销策略和经营决策。

由于不同国家和地区的消费者喜欢的东西、能买得起的价格、购物习惯都不一样，因此，国际市场需求调研是跨境电商企业了解目标市场的重要手段。它涉及宏观经济环境、消费者行为、竞争对手状况、市场需求等多个方面。成功的市场需求调研能够为企业提供深入的洞见，使企业明确自身的定位，制定精准的市场策略。

除了实地调研获得一手资料外，利用现有的数据资源也是进行市场需求调研的重要手段。通过收集和整理与行业相关的历史数据，对过去几年的销售数据、市场份额变动等信息进行分析，企业可以识别出行业的发展模式和周期性规律。各种官方统计数据、行业报告、社交媒体分析等都能为企业提供宝贵的信息。例如：海关总署定期发布的宏观经济数据（见图 4－1）、平台发布的行业报告等。

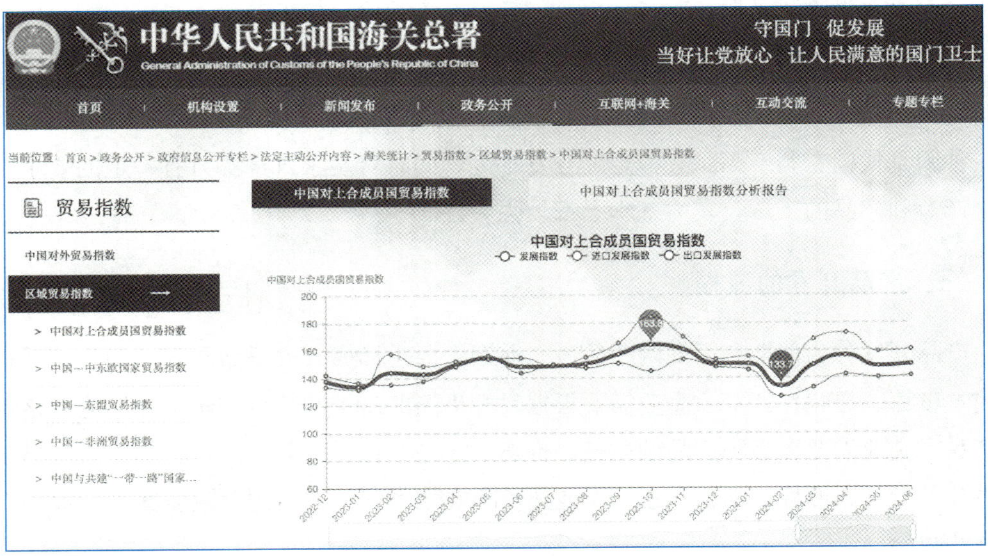

图 4－1　海关总署发布的贸易指数

随着科技和生产技术的快速发展，消费类产品的更新速度不断加快，这就要求企业进行产品开发时要具备前瞻性，能够把握未来流行的趋势和脉搏。跨境电商卖家在进行产品开发时，可以利用跨境电商平台的大数据，寻找热销产品。

跨境电商平台提供了许多关于消费者的数据，跨境电商卖家可以通过挖掘和分析这些数据，了解国外市场需求，寻找消费者需求量大的产品。以阿里巴巴国际站为例，在卖家页面有“数据分析”—“市场参谋”板块（见图 4－2），该板块提供了关于某行业的详细介绍及热点趋势剖析，让卖家可以从市场的角度查看自己类目下的产品数据。

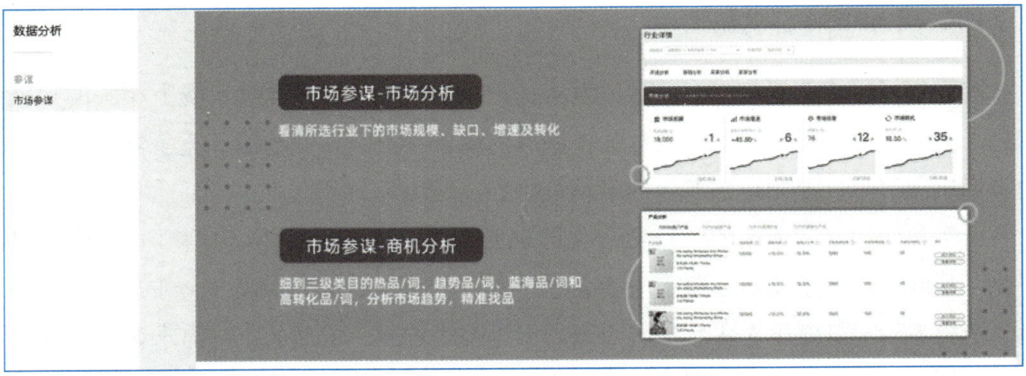

图 4－2　数据分析—市场参谋页面

此外，卖家还可以利用平台自带的搜索功能，分析买家的热门需求和潜在需求。各个跨境电商平台上都有搜索框，卖家可以通过搜索框判断需求。以全球速卖通为例，卖家打开全球速卖通的买家页面（见图 4-3），在搜索框下面会自动显示许多关键词，刷新页面，每次出现的词都会不一样，这些词就是热门关键词。通过热门关键词，卖家可以了解到哪些产品在国外的需求量比较大。

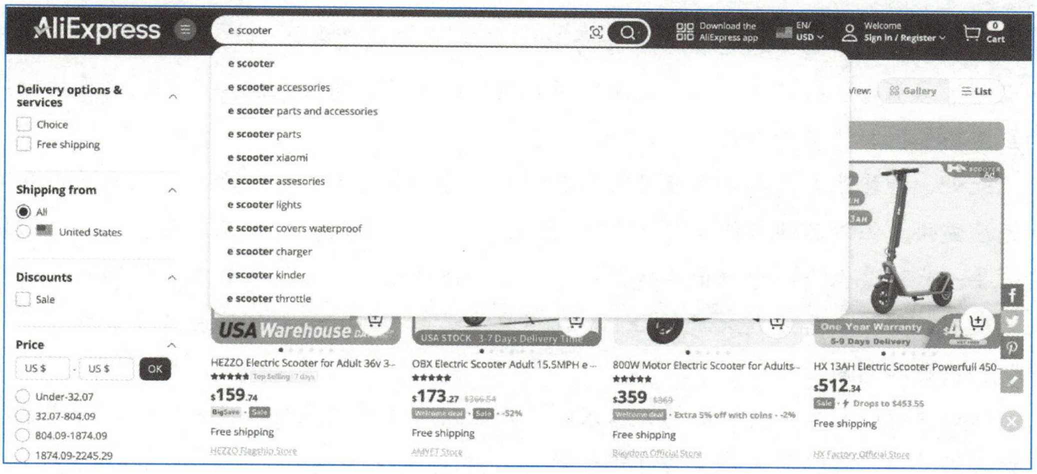

图 4-3　全球速卖通买家页面

行业洞察

扔了“铁饭碗”，他靠 3D 打印机一年卖了 12 个亿

深圳市智能派科技有限公司（以下简称智能派）创立于 2015 年，从生产 STEM 套件到研发 3D 打印机，走小众技术路线 5 年营收翻 6 倍，踩中消费级 3D 打印机在海外热潮风口，现已实现年销售额 12 亿元。智能派的产品销售以亚马逊、eBay、全球速卖通等多元化平台为依托，以直营销售为主，产品线覆盖光固化 3D 打印机、FDM 3D 打印机、激光雕刻机和 STEM 电路套件。目前，智能派已经将百万台产品销往全球 70 多个国家与地区，其中北美和欧洲占据了近 70%～80%的份额。日前，智能派副总经理陈总和“老板会谈”聊了聊一个小公司从 0 发展到年销超 10 亿级的创业故事。

老板会谈：智能派之前一直专注于海外市场，但并不是从公司创立之初就开始做 3D 打印机，选择进入 3D 打印赛道的契机是什么？

陈总：智能派在 STEM 教育套件领域达到了一定的市场饱和点，并且当时 98%的业务都集中于亚马逊上运营，市场份额已经达到顶峰，需要寻找新的增长点。

一方面，源于技术的创新。随着 3D 打印技术的不断进步和消费者信任度的增强，市场对 3D 打印机的需求逐渐增长，于是智能派决定利用自身在硬件制造方面的优势进入这一领域。在 2019—2020 年间，光固化 3D 打印机的技术取得了显著进步，特别是显示屏技术的应用。智能派通过借鉴手机行业的彩色显示屏技术，将其转化为单色曝光屏，大幅提高了3D打印的效率和精度。

另一方面，得益于产业链的支持。公司利用产业链的进步，不断推出具有更高分辨率的打印机，如4K、6K、8K、10K，直至2023年推出的12K产品。通过不断地技术创新和产品迭代，公司成功推出了市场上优质的3D打印机。

老板会谈：智能派在与当地品牌产品竞争时，在海外的差异化是什么？创业时是怎么思考这个问题的？

陈总：智能派坚持通过官方自营的B2C平台直接向消费者销售产品。这种直销模式确保了消费者能够直接从官方渠道购买到最新的产品，同时也使得公司能够更快速地响应市场变化和消费者需求。

此外，智能派在产品发布速度上具有明显优势。与海外品牌相比，智能派的产品更新速度更快。海外品牌可能需要2～3年甚至3～4年才更新一次产品，而智能派能够保持一年一代，甚至一年内推出两代产品。这样的快速迭代能力促使智能派能够及时将行业发展中的新技术集成到最新产品中，让用户能够第一时间享受到这些最新技术带来的便利、快捷和创新。

通过快速响应市场变化和用户需求，以及利用自身的供应链和技术优势，智能派很快便在海外市场建立了差异化的竞争优势。

资料来源：陈林．扔了“铁饭碗”，他靠3D打印机一年卖了12个亿［EB/OL］.（2024-04-13）［2024-12-12］. 雨果跨境平台.

实训练习

从日用消费品、食品、玩具、服装、工艺品和电子产品中选择一个感兴趣的产品类目进行国际市场需求调研，并撰写市场需求调研报告。以“××类目的国际市场需求调研报告”为题，建议包括以下内容：宏观市场环境、市场规模和消费者需求、竞争对手概况和优劣势、行业趋势和风险评估等。

单元二　知识产权和侵权防范

微课

知识产权

一、知识产权的概念

知识产权（Intellectual Property），是指权利人对其所创作的智力劳动成果所享有的专有权利，一般只在有限时期内有效。各种智力创造如发明、文学和艺术作品，以及在商业中使用的标志、名称、图像及外观设计，都被认为是一个人或组织所拥有的知识产权。例如：

一项发明创造；

一款产品新的外观；

一个新的集成电路设计；

一款软件；

一篇文章或一首歌；

一个无人知晓的技术秘密；

一种植物新品种；

一张照片或一部影片；

某项表演；

一个商业性标志或词语；

一幅画作；

……

知识产权是一种无形财产，大部分知识产权的获得需要通过法定的程序。在对外贸易过程中，企业要注重做好专利、商标、版权、技术秘密的创造、注册申请和保护。面对全球化竞争，专利制度已不单单是鼓励创新的手段，更多的是进行技术垄断和市场竞争的工具。这就要求跨境电商企业培养知识产权保护意识，一方面避免侵犯其他企业的知识产权，另一方面重视对自身知识产权的保护。

二、知识产权侵权的类型

各平台关于侵权产品的认定大同小异，卖家常遇到的知识产权侵权的类型主要分为以下几种：

（一）商标侵权

商标侵权是指行为人未经商标权人许可，在相同或类似商品、服务上使用与其注册商标相同或近似的标识，或其他妨碍商标权人行使权利、损害其合法权益的行为，即卖家没有得到产品品牌官方的正规授权，擅自使用对方的商标或 Logo。例如：有卖家因售卖了一幅价值为 12 美元的小猪佩奇拼图而受到冻结账户和店铺资金的处罚。只要产品上有小猪佩奇的图案，如印有小猪佩奇的毛绒玩偶、蛋糕模具、衣服饰品、玩具车等，都有可能涉及侵权。除了产品以外，在属性、描述中出现小猪佩奇商标的情况也属于侵权行为。因此，除非拥有品牌方的授权，卖家不能在跨境平台上销售带有品牌商标的产品，在广告描述中也不能出现品牌名。如果是给某产品生产的兼容性配件，则需要在品牌产品前加“for”。

（二）发明专利侵权

发明是指对产品、方法或者其改进所提出的新的技术方案。发明人对发明的产品申请了专利保护，卖家未经允许不能擅自生产和销售仿品。例如：2015 年，平衡车专利所有者美国品牌 Solowheel 将独家专利授权给美国 Razor 公司，Razor 公司在亚马逊平台提起投诉，下架除 Razor 授权品牌之外的所有扭扭车。随后，亚马逊采取了下架产品、冻结账号的处罚方式，数百位中国卖家卷入其中，损失巨大。

（三）外观专利侵权

外观设计是指对产品的整体或者局部的形状、图案或者其结合以及色彩与形状、图案的结合所做出的富有美感并适于工业应用的新设计。例如：2017 年销售火爆的指尖猴子，这款玩具在 2017 年 4 月 12 日由品牌商提出外观专利申请，8 月 22 日获准授权。品牌商 WowWee 追溯法律责任，大批亚马逊的中国卖家的资金账号惨遭冻结，店铺被关闭。

三、知识产权侵权防范

微课

知识产权侵权防范

跨境电商知识产权纠纷案件以侵犯商标权和专利权的案件为主。卖家盲目跟风，跟卖销售量大的产品，没有考虑该产品是否有知识产权保护，往往等遭到知识产权人投诉后才意识到问题的严重性。这时，卖家会面临产品下架、账户受罚、账户关闭或侵权赔偿等。

（一）跨境电商企业要正视知识产权的重要性

跨境电商企业要逐渐提升知识产权意识，了解知识产权规则。跨境电商企业要想知道自己准备销售的产品是否侵权，可从以下几个方面着手。

（1）利用关键词在平台上搜索，查看有没有相同或者相近的产品。如果有，查看产品有没有商标权和专利权或者利用谷歌识图搜索来分析，如果能搜出很多有 Logo 的产品，并且与销售的产品相似，那就要注意产品是不是侵权。

（2）利用关键词对应的中文在国内的百度或微信上搜索，看能不能找到关于产品的一些信息，以了解该产品是否侵权。

（3）咨询供应商，了解供货渠道的正当性，确认产品是否独立开发、有没有专利。

（4）登录市场国的专利网站查询并检索。

（二）专利、商标要及时申请专利权和商标权

跨境电商企业可以自己申请或者通过代理公司来办理，把握住主动权才是关键。iPad 是苹果公司生产的一款平板电脑，但是该商标早在 2001 年就被深圳唯冠科技注册了。2012 年 6 月，广东省高级人民法院透露，苹果公司与深圳唯冠科技就 iPad 商标案达成和解，苹果公司向唯冠科技支付 6 000 万美元，唯冠科技将涉案“iPad 商标”过户给苹果公司。这场商标之争给苹果公司带来了深刻的教训。为了避免类似纠纷的再次发生，苹果公司会在新品发布之前，到多个国家和地区申请专利和商标注册。这一策略确

保了公司在全球范围内的品牌保护，降低了潜在的法律风险。同时，苹果公司也加大了对知识产权的投入，设立了专门的知识产权部门，负责公司的专利和商标申请工作。

行业洞察

爱立信和 OPPO 在未出庭会面的情况下签署全球交叉许可协议

2024 年 7 月，OPPO 和爱立信（Ericsson）宣布双方签署了一份为期多年的交叉许可协议。两家公司在没有在专利法庭提起诉讼的情况下达成了协议。

爱立信和 OPPO 之间签订的多年交叉许可协议涵盖了涉及包括 5G 在内的蜂窝技术的标准必要专利（SEP）。

根据媒体得到的消息，OPPO 将向爱立信支付特许权使用费，两家公司还将在有关 5G 的项目上进行合作，如设备测试、客户互动和营销活动。

爱立信的首席知识产权官表示："与 OPPO 签订的这份非常重要的特许权使用费许可协议使爱立信能够进一步投资于基础通信技术。现在，我们期待能够通过更多的 5G 协议来增加爱立信的知识产权收入，并扩展到诸如物联网和消费电子产品等其他的许可领域。"

据悉，两家企业在全球其他地区并不存在尚未解决的官司。

OPPO 需要面对其他的战斗

然而，爱立信和 OPPO 都卷入了涉及其他对手的 SEP 纠纷。

手机制造商 OPPO 目前与松下（Panasonic）展开了一场全球性的 SEP 大战。后者在欧洲针对 OPPO 和小米（Xiaomi）提起了 24 起诉讼，涉及一部分与 WCDMA 和 LTE 标准有关的专利。

松下不仅在欧洲统一专利法院（UPC）提起了诉讼，同时还在英国高等法院以及曼海姆和慕尼黑的地区法院采取了行动。

7 月 9 日，英国高等法院驳回了小米的临时许可申请。但是，OPPO 并未参与其中。英国高等法院已经将有关公平、合理和非歧视（FRAND）的审判工作安排到 10 月进行。

与此同时，OPPO 还面临着来自 InterDigital 的全球性 SEP 诉讼。在 2024 年的 1 月，慕尼黑地区法院裁定，OPPO 和其他专利用户侵犯了 InterDigital 所拥有的 SEP。这件 SEP 与 3G、4G 和 5G 标准有关。这些公司正在德国、美国、英国以及其他国家/地区的法院中进行着斗争。此外，OPPO 还面临着飞利浦（Philips）在欧洲发起的诉讼。

爱立信面对着来自联想（Lenovo）的 UPC 指控

爱立信（Ericsson）在欧洲和其他地方正面临着来自联想的指控。2023 年 10 月，爱立信在美国北卡罗来纳州东区法院提起了第一项专利诉讼，随后又向美国国际贸易委员会（ITC）提出了申诉。2024 年 2 月，联想子公司摩托罗拉（Motorola）在慕尼黑地区法院提出两起针对爱立信的侵权诉讼之后，这场纠纷也上诉至 UPC。

但是，联想并没有寻求让 UPC 发出波及整个欧洲的禁令。据推测，该公司正考虑在英国高等法院采取行动。作为对美国专利侵权和 ITC 案件的回应，联想在英国高等法院提起了诉讼，并要求签订全球交叉许可。

不是第一份协议

2024 年，在手机行业中出现了一连串的交叉许可交易。2024 年 1 月，OPPO 与诺基亚就签署了一项交叉许可协议。自 2021 年以来，两家公司已经在中国、德国、法国、荷兰、印度和英国以及其他 5 个国家向对方提起了起诉。这场争端引起了人们的特别关注，部分原因在于它是在过去 3 年中涉及范围最广的移动通信战之一。

2022 年的夏天，在慕尼黑地区法院下令冻结其销售业务后，OPPO 也退出了德国市场。

资料来源：佚名．爱立信和 OPPO 在未出庭会面的情况下签署全球交叉许可协议［EB/OL］.(2024 - 08 - 13)［2024 - 11 - 22］. 中国保护知识产权网．

实训练习

国际商标注册是一个复杂但非常重要的过程，需要申请人仔细准备并遵循相关流程以确保商标的成功注册和有效保护。请登录国家知识产权局商标局的中国商标网，了解商标申请的流程和《商标国际注册马德里协定》。

单元三 产品采购

一、产品采购的概念

微课

产品采购

对于工贸一体的外贸企业，业务员往往不需要考虑产品采购的问题。而对于单纯做贸易的外贸企业和跨境零售企业，产品采购是一项至关重要的工作。

产品采购是指企业为了满足出口贸易或国际市场需求，从国内外供应商处获取所需商品或服务的过程。这个过程中，企业需要综合考虑市场需求、产品质量、价格、交货期、售后服务等多个因素，以确保采购的商品或服务能够符合国际市场的标准和要求，并为企业带来经济效益。

在国际市场需求调研的基础上，企业可以了解到国际市场的趋势、消费者需求以及竞争对手的情况，从而确定需要采购的产品种类和规格。企业可以在全球范围内寻找合适的供应商。

二、产业集群

产业集群是指某一行业内的竞争性企业以及与这些企业互动关联的合作企业、专业化供应商、服务供应商、相关产业厂商和相关机构在特定区域聚集的现象。

中国拥有强大的供应链和生产基础，并在过去几十年的对外贸易中，逐渐形成了传统产业带。随着跨境电商出口蓬勃发展，外贸聚集地从以珠三角、长三角地区为主，加速覆盖到全国更多的区域，与当地传统优势产业带结合并推动原有产业带转型升级，形成数字经济时代下中国外贸的重要基础。产业集群众多是中国经济的一个显著特征，许多跨境电商发展很好的区域往往拥有一个或多个富有竞争力的产业集群，如永康小五金、义乌小商品、织里童装、虎门女装、南通家纺、温州鞋帽、保定箱包、无锡茶具、深圳数码等。

一方面，这些地区具有传统外贸发展多年所积淀的优势，集聚了大批外贸人才，成为跨境电商的主力；另一方面，地方政府围绕跨境物流、通关、培训等形成了比较完善的服务体系，支持企业便捷地开展跨境电商业务，同样也吸引着其他地区的企业和创业者来本地创业发展。如果卖家刚好位于某个产业带，那么就近采购是一个很好的途径。

产业集群的发展为跨境电商提供了优势产品和产业支撑，而跨境电商卖家则通过帮助生产端和需求端直接对接，以数字化方式推动原有产业带的转型升级、提质增效，促进了更多具有数字化特征的产业集群。不同区域的跨境电商产业集群兴起，有力地带动了本地经济的发展，成为中国出海企业开拓全球业务的独特优势和坚实基础。

三、产品采购的渠道

跨境电商的货源渠道是跨境电商业务中至关重要的一环，它不仅决定了产品的质量、价格，还直接影响供货的稳定性和物流效率。跨境电商卖家利用中国制造业的强大产能和成本优势，在中国境内采购产品，具有物流成本低、配送速度快等优势。跨境电商卖家产品采购的主要渠道包括以下几个：

（1）工厂直供。跨境电商卖家直接与生产厂家合作，可以获得最低的价格和稳定的供应。这种方式尤其适合需要大量采购且对品质有严格要求的卖家。然而，与工厂合作需要一定的订单量和资金实力，且需要处理复杂的供应链管理和质量控制问题。

（2）贸易商采购。通过贸易商采购产品，跨境电商卖家可以获得更多的选择和更灵活的采购方式。这些贸易商拥有丰富的产品资源和供应链管理经验，能够协助跨境电商卖家解决采购过程中的各种问题。跨境电商卖家要注意选择可靠的贸易商，以避免出现产品质量差或供应不稳定的问题。

（3）批发市场。中国的批发市场如义乌国际商贸城、广州白马服装市场等，是跨境电商卖家采购的重要渠道。这些市场的产品种类丰富、价格实惠，能够满足各种需求。批发市场的产品质量可能参差不齐，需要卖家具备一定的鉴别能力。

（4）网上批发平台。1688、义乌购等网上批发平台（见图 4－4、图 4－5）为跨境电商卖家提供了便捷的采购渠道。这些平台汇集了众多供应商和产品信息，卖家可以方便地搜索和比较不同供应商的产品和价格。卖家采购时要注意网络安全和产品质量问题，选择信誉良好的供应商进行合作。

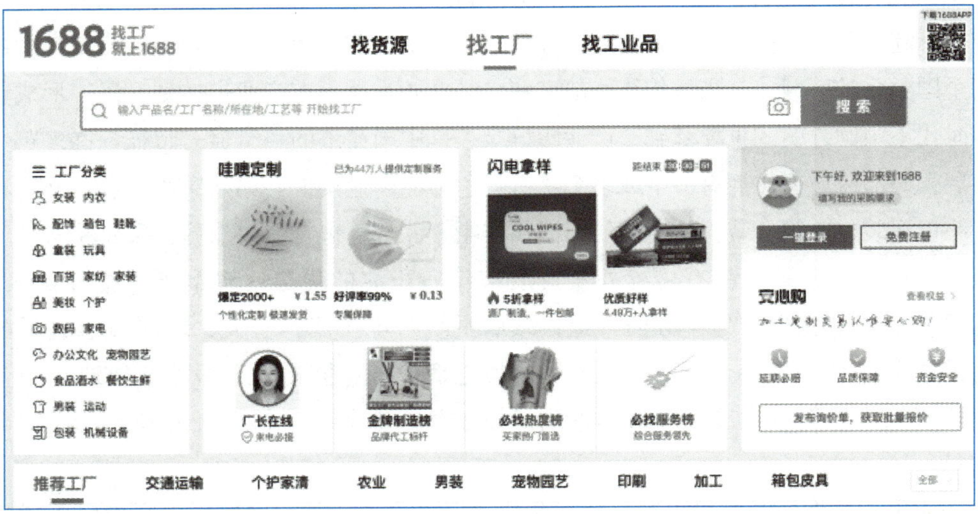

图 4－4　1688 网站

图 4－5　义乌购网站

行业洞察

阿里巴巴 1688 全国首个选品中心落地汕头澄海

2024 年 6 月 6 日，阿里巴巴 1688 全国首个选品中心正式在澄海落地，“玩美之城·国货合伙人”1688 汕头数字产业带项目同步启动。此次澄海玩具产业带和 1688

平台开展深度合作，将充分发挥澄海在玩具产业集群的优势，借助1688平台资源与流量，共同建设澄海玩具产地数字名片，进一步提升澄海玩具产业的市场竞争力和区域品牌影响力。

澄海玩具产业带和1688平台深度合作

澄海作为全国闻名的玩具生产和出口基地，拥有“中国玩具礼品之都”“国家外贸转型升级基地”等金字招牌，现有玩具生产经营单位近6万家，形成了从研发设计，到生产制造，再到贸易销售的全链条产业体系，产出全国约一半的塑料玩具，玩具品牌拥有量、IP和专利授权量均居全国第一，为澄海区电子商务的蓬勃发展提供了坚实基础和重要支撑。

阿里巴巴1688作为专业批发采购平台，是全球首个企业类注册用户超过1.2亿的平台。1688全国首个选品中心正式落地，与澄海玩具产业带展开深度合作。这也是澄海区落实汕头市商贸高质量发展大会精神，建强卖全球贸易网络，搭建贸易平台的具体举措。据介绍，1688澄海玩具选品中心以“线下选品中心＋线上1688平台”的玩具产业电商服务平台，通过联合广大玩具厂家和实体云仓，打造“仓储物流＋选品代发”的创新供应链展厅模式，为电商、内销、跨境、直播等采购商提供箱批、混批和一只代发服务。选品中心以S2B2C（供应商—企业—消费者）商业模式为业务核心，通过整合优化供应链条，降低供采两端的运营成本，为采购商实现零库存和轻资产运作，推动玩具电商产业的发展。

澄海传统的玩具展厅主要面向外贸公司提供服务，而像国内的电商客户、直播达人、跨境客户来到澄海后，由于业务模式存在差异，很难切实落地并找到能够配合的厂家。再加上大部分厂家自身专业在于生产制造，运营能力较为欠缺，因此错失了许多国内的订单。现在，通过澄海玩具选品中心和1688平台，全国玩具采购商能够一键精准定位选品中心找货源，直连源头工厂。选品中心也将帮助工厂做好电商的对接服务，增加从1688平台获得的电商、直播、跨境等客户的销售订单，支持工厂同等价格进行按箱采购、混批采购，以及一件代发采购等服务。

以数字化赋能玩具产业高质量发展

近年来，汕头市电子商务产业协会积极推动供应链选品中心培育工作，起草发布《供应链选品中心团体标准》，并率先在玩具、纺织服装、内衣家居服、食品四个产业带培育建设供应链选品中心。1688澄海选品中心，目前预计在澄海选择6 000款头部优秀产品入驻，再通过1688的严选分销，对接到所有1688采购商。

“1688澄海玩具选品中心的落地，将进一步推动玩具产业实现数字化转型，不仅变零散选品为集中选品，提高企业营销效率，还能帮助企业更精准地把握市场需求，搭建进入市场的绿色通道，加快产品市场转化。”澄海玩具协会常务副会长认为，选品中心的成立极大地提升了澄海玩具产业带的知名度和品牌影响力，让更多的国内外客户认识到澄海玩具，让“买玩具，到澄海”的观念更加深入人心。

据了解，此次同步启动的“玩美之城·国货合伙人”1688汕头数字产业带项目，通过“政府+协会+平台”联动合作，打造“玩美之城·国货合伙人”汕头产地IP，共同建设汕头产地数字名片、落地1688内衣选品中心、举办“玩美之城”汕头爆品采购节、开展“百家千企”数字化培育工作等，让新业态、新模式赋能汕头实体产业做强做优做大。

“汕头玩具产业一直保持着强劲的发展势头，并已形成明显的产业集群效应。”阿里巴巴1688产地生态发展部总经理说，接下来将继续提供内外贸一体化权益支持，积极构建“产业带前厅+后仓的数字供应链”选品中心，通过聚合澄海玩具产业带优质货品，打造展销、企业对接、仓储物流等一体化综合服务平台，为广大企业及商家提供齐全、专业的玩具供应链资源及合作商机，让优质汕货品牌走向全球。

资料来源：蔡晓丹．阿里巴巴1688全国首个选品中心落地汕头澄海［N］．汕头日报，2024-06-07.

实训练习

根据你的国际市场需求调研，为自己的“公司”，在1688或义乌购等平台上采购10件产品，并使用Excel等软件编制采购单。

模块练习

一、判断题

1．知识产权具有地域性的特点，即只在所确认和保护的地域内有效。除签有国际公约或双边互惠协定外，经一国法律所保护的某项权利只在该国范围内发生法律效力。（　　）

2．专利权是指发明人从政府有关部门获得的在一定期限内生产、销售或以其他方式使用发明的排他权利。专利分为发明、实用新型和外观设计三种。（　　）

3．商标权是指商标使用人依法对所使用的商标享有的专用权利，没有时间性。（　　）

4．比起传统外贸，跨境电商卖家在进行产品开发时更需要注意规避知识产权侵权风险。（　　）

5．跨境电商卖家选品前要充分调研国内市场需求。（　　）

二、不定项选择题

1. 知识产权具有以下哪些特点？（　　）

A. 专有性　　B. 地域性　　C. 时间性　　D. 营利性

2. 跨境电商产品开发的模式主要可分为哪几种类型？（　　）

A. 公模　　B. 私模　　C. 专利　　D. 私人定制

3. 以下哪些侵权行为属于知识产权侵权范畴？（　　）

A. 著作权侵权　　B. 发明专利侵权

C. 外观专利侵权　　D. 商标侵权

4. 产业集群众多是中国经济的一个显著特征，在长三角地区有多个富有竞争力的产业集群，包括（　　）。

A. 南通家纺　　B. 义乌小商品　　C. 虎门女装　　D. 织里童装

知识拓展

阿里巴巴国际站知识产权规则

阿里巴巴国际站（以下简称国际站）致力于知识产权保护，严禁用户未经授权发布、销售或允诺销售涉嫌侵犯第三方知识产权的产品。

若用户发布涉嫌侵犯第三方知识产权的信息，销售或允诺销售涉嫌侵犯第三方知识产权的商品，则有可能被知识产权所有人投诉或被举报，平台也会随机对店铺信息、商品信息、产品组名等进行抽查，若涉嫌侵权，则信息、商品会被退回或删除，且根据侵权类型执行处罚。

一、具体规则

侵权类型	定义	处罚规则
商标侵权	严重违规：未经权利人许可，在所发布、销售的同一种产品或其包装上使用与其注册商标相同或相似的商标或其他商标性使用的情况。	累积被记振次数，三次违规者关闭账号
	一般违规：其他未经权利人许可，不当使用他人商标的行为。	1）首次违规扣 0 分 2）其后每次重复违规扣 6 分 3）累达 48 分者关闭账号

续表

<table>
<tr><th>侵权类型</th><th>定义</th><th>处罚规则</th></tr>
<tr><td>著作权侵权</td><td>未经著作权人许可，擅自发布、复制、销售或允诺销售受著作权保护的产品（如书籍、文字、图片、电子出版物、音像制品、软件、工艺品等），以及其他未经著作权人许可不当使用他人著作权的行为。
具体场景说明如下（仅做示例，详细内容见解读）：
1）发布或销售的产品或其包装是侵权复制品；
2）发布或销售的产品或其包装非侵权复制品，但包含未经授权的受著作权保护的内容或图片；
3）在详情页上未经授权使用权利人图片作品；
4）在详情页上未经授权使用权利人文字作品。</td><td>1）首次违规扣 0 分
2）其后每次重复违规扣 6 分
3）累达 48 分者关闭账号</td></tr>
<tr><td rowspan="2">专利侵权</td><td>严重违规：视专利侵权案件情节而定。</td><td>累积被记振次数，三次违规者关闭账号</td></tr>
<tr><td>一般违规：未经权利人许可，擅自发布、销售或允诺销售包含他人专利（包含外观设计专利、实用新型专利或发明专利等）的产品，以及其他未经专利权人许可，不当使用他人专利的行为。</td><td>1）首次违规扣 0 分
2）其后每次重复违规扣 6 分
3）累达 48 分者关闭账号</td></tr>
<tr><td colspan="3">（1）国际站将按照侵权投诉被受理时的状态，对违规用户实施处罚。
（2）同一天内所有一般违规及著作权侵权投诉即投诉成立，扣分累计不超过 6 分。对于商标权或专利权的一般违规，此处所指的“投诉成立”指被投诉方被同一知识产权人投诉，在规定期限内未发起反通知，或虽发起反通知，但反通知不成立；对于著作权侵权违规，此处所指的“投诉成立”指被投诉方被同一著作权人投诉，在规定期限内未发起反通知，或虽发起反通知，但反通知不成立。
（3）用户被首次投诉后 5 天之内的，基于同一知识产权针对商标权一般违规及专利权一般违规的投诉，或来自同一著作权人的著作权侵权违规投诉，应视为一次投诉。
（4）用户被首次投诉成立 3 天内所有成立的严重违规投诉（“投诉成立”指被投诉方被某一知识产权人投诉，在规定期限内未发起反通知；或虽发起反通知，但反通知不成立），应视为一次违规计算。
（5）国际站抽样检查若发现违规情况，平台将采取如下处理措施：
1）对于商标侵权、著作权侵权、专利侵权一般违规且未在 7 天整改期内做整改的，商品将做下架处理，并每次扣 2 分，一天内扣分不超过 6 分。
2）对于商标侵权、著作权侵权、专利侵权严重违规，或者故意侵权（包括但不限于规避平台监管、重复侵权、知名权利侵权等），存在监管或舆情风险，或存在其他严重违规情节的，商品将直接做下架处理，下架后商品未在 7 天整改期内做整改或删除的，平台将进一步做删除处理。对于严重违规每次扣 4 分，一天内扣分不超过 12 分。
3）每季度内被平台推送整改侵权商品多次的商家，平台将执行 6 分/次处罚。同时平台也将视具体侵权情况，处以商品删除、记振、升级扣分、屏蔽店铺、限制会员使用网站产品功能、冻结账号直至关闭账号等的处罚权利。
（6）侵权场景包含但不限于：商品信息（标题、属性、详细描述、图片、视频等），店铺信息（店铺名称、店铺装修等），交互信息以及交易、评价、纠纷环节。若用户在上述不同场景下存在侵权行为，平台将单独处罚，且处罚将叠加。其中交易环节若涉嫌侵权或恶意规避行为，则将单独执行平台支付渠道冻结处罚，首次违规执行 30 天冻结处罚，再次违规执行 60 天冻结处罚，三次违规将永久冻结平台支付渠道。
（7）国际站有权对用户商品/店铺的违规及侵权行为采取处罚，包括但不限于：
1）扣分；</td></tr>
</table>

续表

<table>
<tr><th>侵权类型</th><th>定义</th><th>处罚规则</th></tr>
<tr><td colspan="3">2）退回、下架或删除商品/信息；
3）限制商品发布；
4）冻结账户；
5）关闭账号。对于关闭账号的用户，国际站有权采取适当措施防止该用户再次在国际站上注册开店或进行销售或允诺销售。
（8）特定情况下，经国际站独立判断，国际站保留对用户单方面解除会员协议或服务合同、冻结用户在国际站上的全部或部分资金、直接关闭用户账号以及关联账号、及/或实施其他国际站认为合适措施的权利：
1）用户重复侵权，或店铺具有规避销售假货，或提供虚假凭证等严重情节；
2）权利人针对国际站提起诉讼或法律要求；
3）用户因侵权行为被权利人起诉，或被司法、执法或行政机关立案处理；
4）因应司法、执法或行政机关要求国际站处置账号或采取其他相关措施。
其中规避销售假货定义：“商家刻意隐藏或遮挡商品相关信息，包括但不限于在商品信息层面隐藏违规信息，或以其他方式规避平台监管出售侵权商品的行为，包括但不限于通过刻意遮挡商标、涂抹商标标识或使用任何给消费者造成混淆的标识（如白底图上使用型号词、品牌变形词、绘制商品线条图/轮廓图、仅展示包装或无法直接反映产品样式的产品局部图等非直接展示商品的行为）等方式出售商品，或者利用站外引流出售侵权商品。”
（9）每项违规行为自处罚之日起有效 365 天。
（10）国际站保留对以上处理措施等的最终解释权、决定权及与之相关的一切权利。
（11）国际站有权根据法律法规的调整、经营环境的变化等因素及时地修订本规则并予以公示，修订后的规则于公示中指定日期生效。
（12）本规则为国际站发布的规则的组成部分，本规则与国际站发布的其他规则不一致的，以本规则为准，本规则未尽事宜，以国际站发布的其他规则为准。
（13）本规则如中文和非中文版本存在不一致、歧义或冲突，应以中文版为准。</td></tr>
</table>

二、知识产权规则解析

（本部分内容省略）

三、我们建议卖家

（1）尊重知识产权。

请卖家朋友们即日起严格排查自己的在线及下架商品，若存在侵权行为，请立即将侵权商品删除。同时，严格把控进货来源，杜绝来源不明的产品，建议实拍图片，提高图片质量，让买家更直观地了解商品，获得更多订单。

（2）发展有品质的自营品牌。

如果你的产品有品质，注册自有品牌，跟平台一起，扩大自营品牌影响力，让自己的品牌商品出海，不断增加附加值。

（3）及时进行知产资质备案。

完成品牌资质备案再发布品牌商品，不要发布未获得发布权限的品牌商品。

四、其他事项

（1）对应的账号处罚标准（除特别说明外，国际站全站的罚分累加计算），请参见《阿里巴巴国际站用户违规处罚标准》。

（2）商家被投诉后应在平台规定的时间内及时发起申诉，申诉指引烦请参考《阿里巴巴国际站知识产权侵权申诉指引汇总》。

模块五 视觉营销与图片处理

学习目标

● 知识目标

1. 了解跨境电商平台对图片的要求
2. 了解国际站旺铺装修的注意事项
3. 了解视觉营销的概念和作用
4. 学习 Photoshop 软件的相关操作

● 技能目标

1. 能够利用 Photoshop 软件处理图片
2. 能够完成产品拍摄
3. 能够制作店招和 Banner

● 素养目标

1. 培养全球视野
2. 培养对国际贸易行业的职业认同感
3. 增强民族自豪感和自信心
4. 培养知识产权（图片）保护的意识

单元一 视觉营销与店铺装修

一、视觉营销

视觉营销，就是在买家的视觉上下功夫，通过刺激感官引起买家的兴趣，使其产生对产品深刻的认同感和购买欲望，从而达到营销的目的。视觉是手段，营销是目的。视觉营销存在的目的是最大限度地促进产品或服务与消费者之间的联系，最终实现销售，同时增强视觉冲击并提升品牌的文化影响力。

在实体店购物时，买家可以通过观看、品尝、触摸等方法感知商品，但在网络购物中，买家只能通过眼睛来看卖家设计的图片、文字或视频。所以，视觉效果会决定商品和店铺能否吸引买家的眼球。

视觉是人类接收外界信息的重要渠道。引发买家注意、唤起买家兴趣、激发买家购买欲望、促使买家采取购买行为是视觉营销的目的。如果卖家想要制造这种视觉营销效果，第一步就要引起买家的注意，继而促使买家对卖家销售的产品持有积极、肯定的态度，使买家产生较为明确的购买动机，最后运用一定的成交技巧来促使买家进行实际购买。

做好视觉营销对提升店铺形象和增加销量起着重要的作用。通过美观的产品主图，卖家可以吸引买家的眼球，增加店铺流量。当买家进入网店或者产品详情页后，精美的店招、Banner（横幅广告）、产品详情页等往往能让买家停留更长时间，提高页面浏览量，从而提升成交概率。此外，视觉营销还有利于塑造店铺形象，提升品牌认知度。

跨境电商卖家需要解决的问题是：如何将国内产品卖给不同国家和地区的消费者。卖家在进行视觉营销时，就要考虑满足不同国家和地区消费者的审美和消费心理，既要保留原品牌的定位和形象，又要尽量做到本土化。从审美偏好的角度来看，不同的国家和地区之间存在比较明显的差异。以美国的跨境电商平台为例，从亚马逊、eBay、沃尔玛等电商平台的设计可以发现，美国消费者更喜欢简洁的风格，在色彩选择上往往偏冷色系和大地色系。亚马逊平台首页如图 5－1 所示。

二、店铺装修

跨境电商卖家要重视店铺首页。店铺页是卖家在平台上的独有展示空间，允许卖家展示自己的商品和品牌。卖家可以自主设计店铺页面，实现个性化的品牌和商品展示，从而提升店铺形象和品牌知名度。以下以阿里巴巴国际站为例，介绍店铺装修的注意事项。

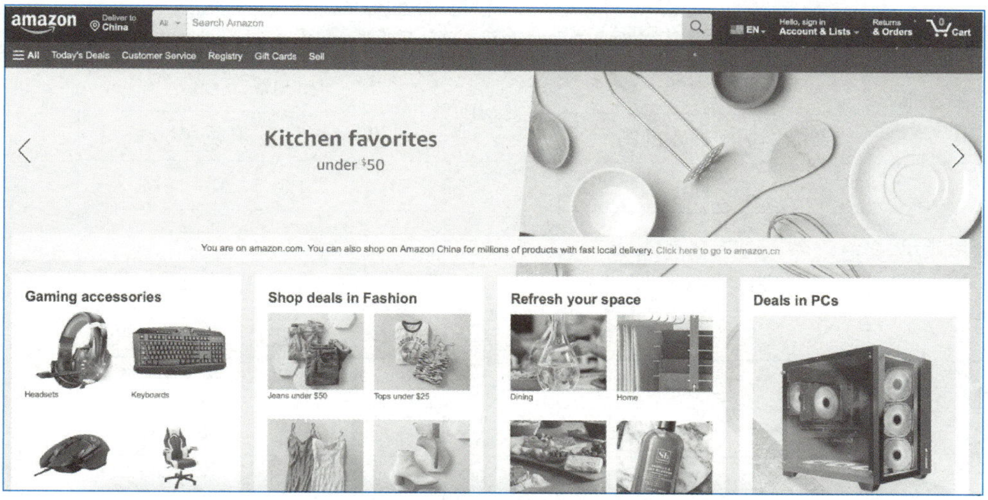

图 5-1　亚马逊平台首页

（一）店铺装修前的准备工作

1. 做好店铺的定位

卖家要明确店铺的定位，拥有多个旺铺的卖家应确定每个账号的定位，如不同的主推产品（工业品、日用消费品）、不同的市场定位（欧美、非洲、亚洲周边国家）、不同的采购模式（现货批发、定制品）等。

2. 确定主营的产品类型

不同的产品类型往往会影响店铺的装修风格。例如：对于 3C 数码产品，卖家应选择带科技感的风格；对于家居类产品，卖家应偏向温馨的风格。

3. 做好产品分组

卖家可以根据不同的标准来进行产品分组，如使用场景、使用人群等，以便对店铺进行合理、有序的设计。

4. 准备相关素材

在进行店铺装修前，卖家需要提前准备好相关素材，如公司介绍、相关文案、照片或视频（工厂环境、车间生产线、样品间、展会、团队、证书、包装与物流、买家评价、近期交易情况等）。

5. 了解平台的图片规格要求

由于每个跨境电商平台都是独立的，不同的跨境电商平台对图片规格都有各自不同的要求，因此卖家在进行店铺装修时，需要了解不同平台的具体要求。以阿里巴巴国际站为例，它对产品发布相关的图片、公司账户相关的图片和旺铺相关的图片都有具体规定，卖家按照要求提交即可（见表 5-1）。

表 5-1　阿里巴巴国际站图片规格

范围	图片位置	大小	像素（px）	格式
产品发布相关	产品主图	≤3MB	1 000×1 000	jpeg、jpg、png
	产品详情中插入的图片		宽度≤750，高度≤800	
公司账户相关	头像	≤200KB	120×120	
	公司标志		建议宽 68×高 50	
	公司形象展示图		建议宽 220×高 220	
	各种证书		/	
旺铺相关	通栏	≤2MB	宽度 990，高度不限	
	双栏		宽度 190、790，高度不限	
	三栏		宽度 190、590，高度不限	
	招牌		宽度 990，高度 100 或 200	
	Banner		宽度 990，高度 200、250、300、350、400	
	导航栏		宽 990×高 33	
	旺铺背景图		宽 2 000×高 3 000	
	旺旺头像		宽 80×高 80	

（二）店铺装修的主要模块

1. 店招

店招会展示在店铺页面的最上方。通常而言，店招应包括公司名称、Logo、优势产品图片或描述等信息，整体要求简洁。如图 5-2 所示，注意店招中的公司名称一定要与认证信息—Verified Supplier（金品诚企）模块中保持一致。

图 5-2　店招示例

2. Banner

Banner，常被称为横幅广告、滚播广告或者轮播图片（见图 5-3）。卖家可以根据国际站的活动（如“三月新贸节”“九月采购节”“双 11”等）进行专题活动设计，以增强活动氛围。除了活动外，Banner 常常用来展示主推产品。

图 5-3　Banner 示例

3. 橱窗

在 Banner 的下面，可以展示橱窗板块（见图 5-4）。跨境电商卖家可以添加主推产品到橱窗中进行展示，同时设置一些优惠券等，以吸引更多的买家下单。

图 5-4　橱窗示例

4. 公司介绍

跨境电商 B2C 卖家在装修店铺时，往往将重点放在产品展示上，而 B2B 买家更重视卖家对公司的介绍。与零售买家不同，很多 B2B 买家进入店铺首页的目的不一定是了解某款具体的产品，而是了解公司的实力。一般而言，公司介绍应当包括公司简介与视频（见图 5-5）、获得的荣誉、合作的知名客户等，在有素材的情况下，尽量添加公司或工厂的图片或视频（见图 5-6），展示公司获得的资质证书（见图 5-7）、参展照片（见图 5-8）等，以便更好地展示公司的优势。

图 5-5　公司简介与视频示例

图 5-6　工厂与仓库图片示例

图 5-7　资质证书图片示例

图 5-8　展会图片示例

实训练习

假设你是 U&M 公司的业务员，现在要为你们公司的旺铺装修做准备。请根据下列信息，选择你需要的信息，制作一张适用于阿里巴巴国际站的店招。

Company name：Hangzhou U&M Technology Co.，Ltd.

Location：Hangzhou，China

Company registration date：2014-03-20

Main categories：Electric Scooter，Electric Bike

Years in industry：11

Certifications：CE

Quality control conducted on all production lines：Yes

Main markets：Western Europe（29%），Eastern Europe（16%），Northern Europe（15%）

Customization options：graphic processing，sample processing，customized on demand

New products launched in last year：12

单元二　产品主图的制作

一、产品主图及其作用

产品主图是指产品详情页中的主体图片（见图 5-9）。产品主图位于产品详情页中

微课

主图的作用

最醒目的位置，用来直观展示产品的各种特性、优势和卖点。产品主图的作用是为买家提供充分的信息，促进购买决策。优秀的主图应画面干净整洁、产品清晰明了。

第一张主图被称为首图，即发布产品时放在第一位置的图片（见图 5－10），既是买家搜索时被显示在搜索结果页面的图片，也是打开产品详情页面后显示的第一张图片。

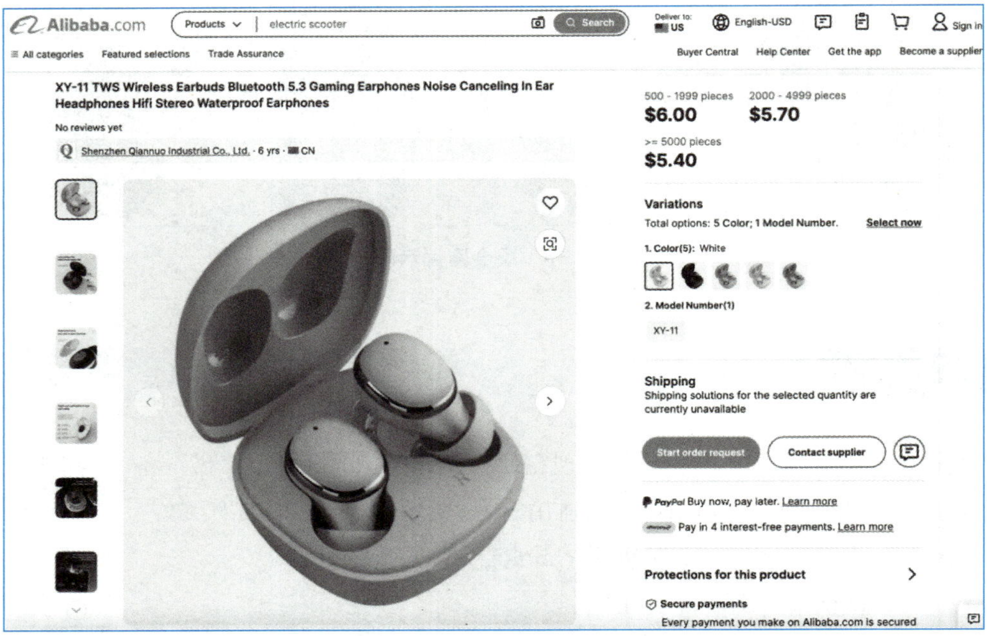

图 5－9　产品主图示例

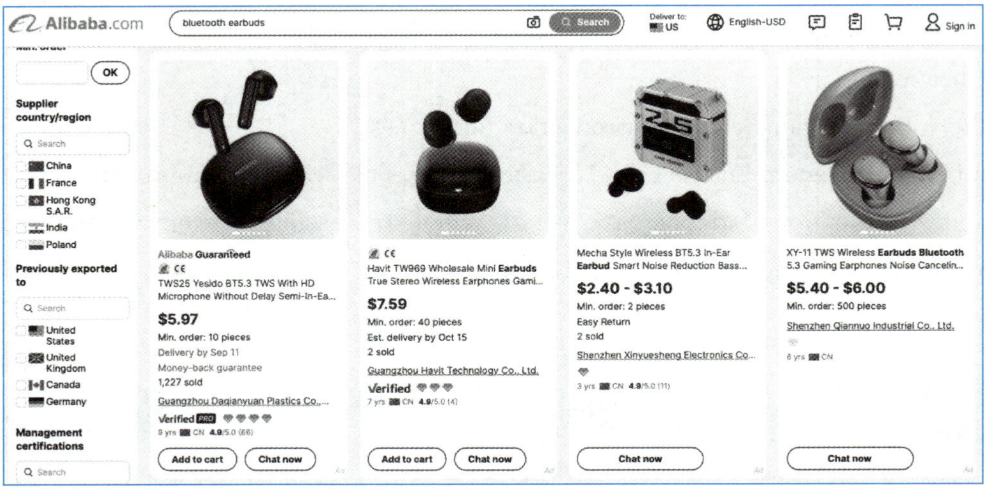

图 5－10　搜索结果页面示例

目前，绝大多数跨境电商平台都采用关键词搜索模式。买家搜索产品关键词后，搜索结果页面会出现很多产品。如果某卖家的产品在搜索结果页面被显示出来，这就是一次曝光。但是，曝光不等于流量，流量的核心要素是什么？我们来看流量公式：流量＝曝光量×点击率。也就是说，想让店铺的产品有流量，需要考虑两个因素：第一是产品被曝光，有机会展现在买家面前；第二是这张主图有足够的吸引力，能够吸引买家点击。

在跨境电商行业中，无论是哪个平台的卖家，销量永远是店铺运营的核心关键，而对比店铺运营中间环节，产品主图和详情页的设置是直接关乎买家购买导向和订单转化率的重要因素。从某种程度上来看，一张好的首图决定了 80%以上的点击率。

二、产品主图的规范要求

微课

主图的要求

各个跨境电商平台都对图片质量和标准有基本的要求，如果卖家上传的图片不符合要求，可能导致产品无法发布。对于发布了的产品，如果产品图片不符合标准，可能导致产品下架、删除。因此，卖家在进行产品图片规划、拍摄和后期处理时，应该尽可能做到既符合平台基本要求，又能恰当地使用一些展示技巧。我们以常见的 3C 类产品和服装类产品为例。

由于 3C 类产品讲求的是精、密、细，因此，产品图片的像素质量高低，在很大程度上决定了客户对产品质量是否认可。因此，产品的主图展示必须以实物图为基础，在外观上尽可能多角度、全方位地呈现产品细节。通常而言，产品背景图最好为白色（因为白色给人清晰的感觉，可以让客户更仔细地观察数码产品），再配以清晰的实物展示图。当然，为了吸引客户点击，也可以适当增加主图的彩色比例。以平板为例，在屏幕上显示富含积极情感和生活气息的图片会比空屏的效果更生动。

而对于服装类目，客户的购买决定通常来自第一眼的视觉感受，那么视觉冲击力强、可以清晰反映款式信息的产品图片往往更能赢得客户的青睐。所以，对于服装类产品的图片，卖家更需要在摄影风格、产品展现方式和后期美化工作上下一番功夫。首先，服装类产品图片的背景修饰应当遵从构图原则，将主体放置在画面比例适中的位置；其次，卖家要选择简单的背景，避免画面中出现与主体无关的物体；最后，图片的背景色应尽量与服装相协调，以凸显服装的特征为首要任务。这几点也是其他许多行业在图片拍摄、美化上都适用的规则。

三、阿里巴巴国际站图片质量规范

微课

国际站图片质量规范

阿里巴巴国际站官方公布了《图片质量规范》。该规范分为 3 个全行业通用的硬性规范和分行业的优图建议。通用的硬性规范包括：

（1）图片大小：不超过 5MB。

（2）图片比例：近似正方形（比例为 1∶1～1∶1.3 或 1.3∶1～

1∶1)。

(3) 图片像素：大于 350px×350px（类似 750px×750px、1 000px×1 000px，近正方形的尺寸都是可以的）。

卖家必须满足硬性规范的要求，否则无法发布产品。除了这 3 个硬性规范外，国际站还针对 39 个类目发布了优图建议规范。各行业的优图建议不尽相同，不强制要求，可以参考，目的是引导卖家优化图片。以“箱包”类目为例，图 5－11 介绍了主图的优图建议。

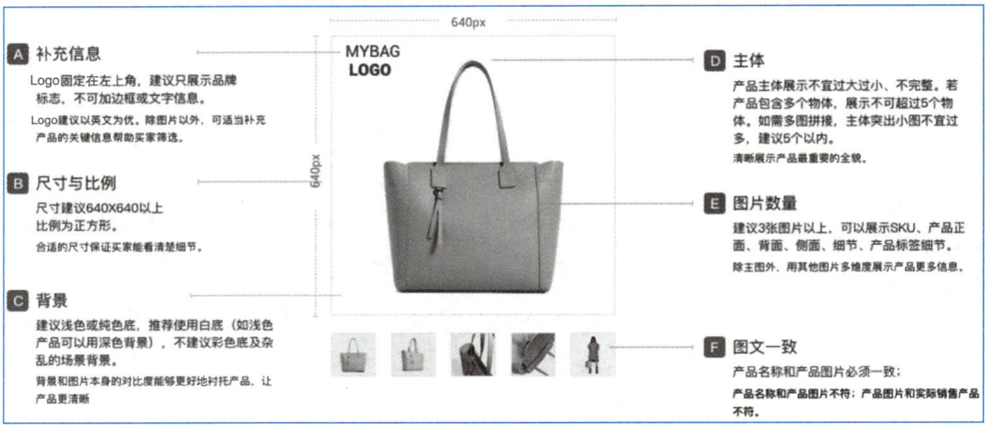

图 5－11　优图建议示例

(1) 补充信息：Logo 固定在左上角，建议只展示品牌标志，不可加边框或文字信息。

(2) 尺寸与比例：尺寸建议 640 像素×640 像素以上，比例为正方形。

(3) 背景：建议浅色或纯色底，推荐使用白底（如浅色产品可以用深色背景），不建议彩色底及杂乱的场景背景。

(4) 主体：产品主体展示不宜过大过小、不完整。若产品包含多个物体，展示不可超过 5 个物体。如需多图拼接，主体突出小图不宜过多，建议 5 个以内。

(5) 图片数量：建议 3 张图片以上，可以展示 SKU、产品正面、背面、侧面、细节、产品标签细节。

(6) 图文一致：产品名称和产品图片必须一致。

微课

主图背景的制作 1

四、图片处理工具

Adobe Photoshop 是电商行业应用最为广泛的软件之一，大家习惯简称它为 PS。虽然 Photoshop 软件的版本很多，但是各个版本的核心功能和操作界面区别并不是太大，快捷键也一直延续下来。所以，我们只要学会其中一个版本，使用其他版本时就不会有任何问题。在电商平台上，卖家花了大量时间和费用拍摄和处理的图片，很容易被别人盗用。为了在举报侵权行为时能提供充分的证据，卖家在处理图片前，应避免直接对原图进行处理，而是要复制一份。在开始学习图片处理前，我们先来了解几个基本概念。

（一）像素

像素是构成数码影像的基本单元，通俗地讲，就是图片上的一个点。像素的英文为pixel，所以我们经常用 px 来表示像素。

（二）分辨率

分辨率是指每单位长度中包含的像素数，通常以像素每英寸 PPI（pixels per inch）为单位来表示。例如：300×300 PPI，即表示水平方向与垂直方向上每英寸长度上的像素数都是 300，也可表示为一平方英寸内有 90 000 个像素。如果图片像素大、分辨率高，那么文件就比较大，电脑处理速度就相应会慢；相反，如果图片像素小、分辨率低，那么文件就比较小，电脑处理速度就相应会快。

（三）图层

在 Photoshop 中，一般会使用多个图层制作，每一个图层好像是一张透明纸，叠放在一起就是一个完整的图像。对某一图层进行修改处理，对其他的图层不会造成影响。

（四）PSD 格式

PSD 是 Photoshop 的专用格式。这种格式可以存储 Photoshop 中所有的图层、通道、参考线、注解和颜色模式等信息。在保存图像时，若图像中包含多个图层，一般都使用 PSD 格式保存，这样方便以后对某个图层单独进行修改。

（五）快捷键

Photoshop 有很多常用的快捷键，建议大家养成“左手操作键盘，右手控制鼠标”的习惯，这将有助于后续高效率地工作。下面是常用的快捷键：

（1）Ctrl+O：打开图片；

（2）Ctrl+N：新建图片；

（3）Ctrl+W：关闭图片；

（4）Ctrl+0：全屏显示图片；

（5）Ctrl++：放大图片；

（6）Ctrl+-：缩小图片；

（7）Ctrl+T：自由变换选中图层；

（8）Ctrl+S：保存当前图像。

五、产品主图的制作要求

在学习了阿里巴巴国际站《图片质量规范》后，再结合其他跨境电商零售平台的规则，我们发现绝大多数的跨境电商平台对主图背景

微课

主图背景的制作 2

和内容有具体的要求。

（1）尺寸：大多数平台要求图片为正方形或者近似正方形，宽度或高度大于800像素或1 000像素，达到平台尺寸要求的图片才允许放大（见图5－12）。

图5－12　新建主图的尺寸

（2）背景色要求：有些平台要求背景色必须是纯白色，R、G、B色值为255、255、255（见图5－13），以确保图片的整洁和专业感；而有些平台则不要求图片必须是白色底，只要求背景清爽、整洁、无杂物。

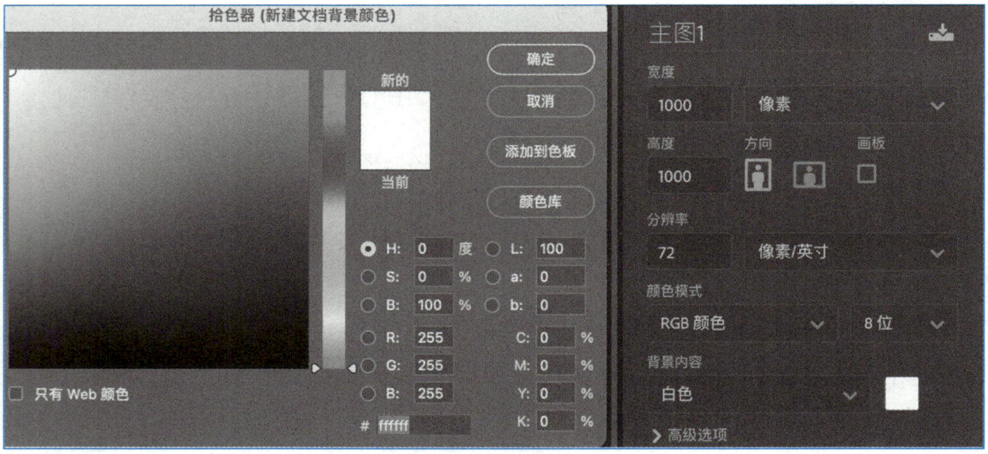

图5－13　主图背景色

（3）Logo：有些平台建议将Logo统一放在左上角（见图5－14），而有些平台则不允许在主图里出现Logo。

图 5 - 14　带 Logo 的主图背景示例

微课

主图的制作

（4）内容：有些平台建议主图展示产品正面、侧面和背面的细节图（见图 5 - 15），包含 1～3 张能展示产品特点和卖点的图片。卖家应避免使用拼图或合成图，构图应饱满，主体占据画面的 60%以上的比例。

图 5 - 15　多角度的产品主图示例

实训练习

请打开 Photoshop 软件，试着熟悉各个菜单栏、工具栏和选项栏，完成一个主图背景的制作，要求像素为 1 000×1 000，纯白色底，保存成 PSD 格式。

单元三 产品图片的拍摄与处理

微课

产品拍摄

一、产品图片的拍摄

在电商平台上，产品图片是直观的展现方式。产品图片的品质直接影响买家对产品及品牌的印象。在产品属性、品牌、价格等接近的情况下，图片质量好的产品更容易被买家接受。

由于所有的产品图片最终都是要展示给买家的，因此，卖家在拍摄前期就要做好产品的人群定位，即分析目标客户的审美特点和目标客户对产品信息的关注点，从而明确拍摄内容。摄影师手中的镜头就是买家的眼睛，只有从买家的立场和角度进行拍摄，才能拍出买家喜欢的照片。

拍摄策划是一个系统的过程，可以分为前期计划、中期执行和后期处理三个步骤（见表 5－2）。

表 5－2　拍摄策划

阶段	事项
前期计划	产品拍摄要点分析、照片风格定位分析
	选择拍摄设备、拍摄环境、灯光、道具
中期执行	根据材质、形状布光
	陈列构图
	拍出清晰照片
后期处理	挑片、保存
	图片处理

在开始拍摄前，卖家应对产品的拍摄要点（卖点）进行仔细的分析，对相机（或手机）、拍摄环境、灯光、道具等做好充分的准备，并且明确拍摄风格。卖家应提前与美工、产品经理进行沟通，通过拍摄将产品的卖点展现出来，让买家能清晰明了地看到产品的价值。卖家应根据产品的大小、材质和拍摄效果、后期处理要求等来选择合适的拍摄环境。例如：有些平台要求主图是纯白色底，那么摄影师往往会在室内选择使用静物台或者白色背景布来拍摄，以便于后期的图片处理。

在拍摄过程中，摄影师应特别注意灯光的选择。从某些角度来说，合适的灯光比相机本身更重要。由于大多数卖家所拍摄的图片是在电脑屏幕或者手机屏幕上显示的，对印刷的需求很少，因此，在拍摄时可以量力而行，只要光线够用就行，不需要刻意追求专业的广告摄影棚。拍摄小型物体时，可以使用 LED 小型摄影棚（柔光箱）；拍摄中型物体时，可以使用静物台（见图 5－16）；拍摄大型物体或者人像时，对拍摄环境的要求就会高一些。

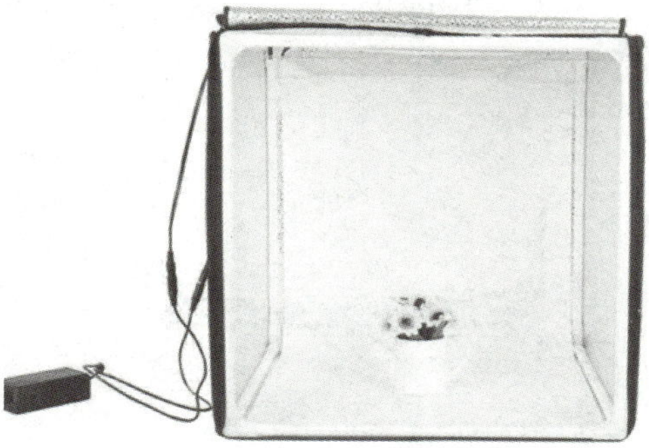

图 5-16 LED 小型摄影棚和静物台

除了光线外，陈列构图也需要事先安排。产品的摆放也是一种陈列艺术。同样的产品，采用不同的造型和摆放方式会带来不同的视觉效果。卖家应认真考虑产品采用什么摆放角度和组合最能体现产品性能、特点和价值。与实体店的陈列不同，网店的陈列是平面化的，通过网页设定好的显示框架和尺寸以图片的形式展现出来。

二、产品图片的处理

要想拍摄出优秀的产品图片，卖家应把握好两方面的因素：摄影技巧和图片处理。由于大多数跨境电商业务员既没有专业的摄影技术，也不太可能花费高额的费用聘请专业摄影师，因此所拍摄的产品图片总会出现问题，比较常见的是曝光不足或者偏色。

微课

拍摄图处理 1

(一) 曝光不足

在拍摄时，由于环境光线的原因，摄影师经常会拍摄出曝光不足的照片。我们可以使用 Photoshop 软件进行简单的处理，从而调整图片的质量。在 Photoshop 中用来调整亮度的方法有很多，其中最常用的是色阶工具和曲线工具。

色阶是指在一张图像中，像素从最暗到最亮的区域的分布情况，一般以波浪峰值的直方图表示。色阶是表示图像亮度强弱的指标。色阶只表示亮度，与颜色无关。例如：图 5-17 的左边是一张从黑色到白色的渐变图，打开它的色阶分布图，可以看到有 X 轴和 Y 轴，X 轴从左（0）到右（255）表示从暗到亮的变化过程，Y 轴表示对应 X 轴的亮度分布，即不同亮度像素的数量。因为这是一张渐变图，所以色阶分布比较平均。

我们用 Photoshop 打开原图，先用“裁剪”工具去除旁边多余的背景部分，双击鼠标左键即可确认并完成裁剪操作。点击菜单栏上的“图像”—“调整”，选择“色阶”命令，也可以按住键盘上的快捷键 Ctrl+L，打开色阶分布图，按住鼠标左键，拖动右端的白场三角，向左调整，整个图片的亮度会增强；拖动中间的灰场三角，向左调整，会增强中间色调的亮度，这对肤色等中间色调的调整尤为有效。

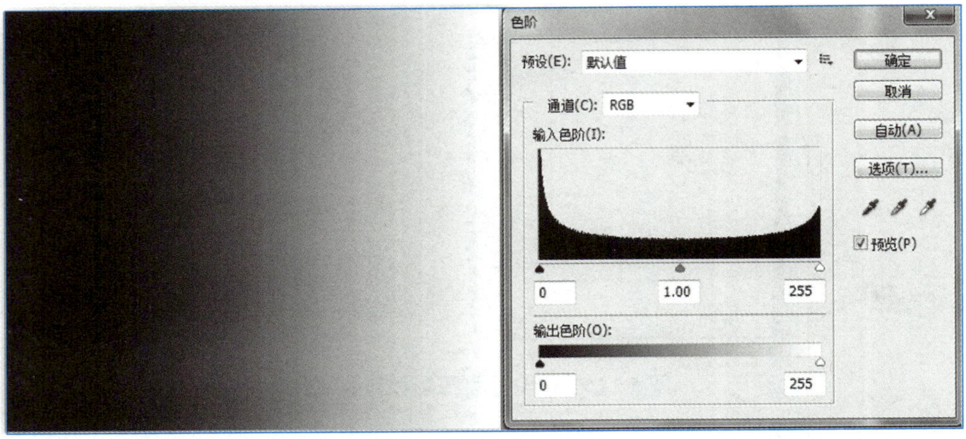

图 5-17　色阶示例

（二）偏色

微课

拍摄图处理 2

由于光线色温、环境色干扰等原因，摄影师经常会拍出一些偏色的照片。如果买家收到产品，发现实物颜色与照片颜色不一样，就会影响买家的购物体验，从而增加客服的售后工作量甚至可能因此产生中差评。因此，在拍摄完产品照片后，对有偏色的图片一定要进行调色处理。我们可以利用色阶工具和直方图来调整颜色。

在调色原理方面，网页上的图像一般是 RGB 模式，即通过对红色、绿色、蓝色三个颜色通道的变化以及它们相互之间的叠加来得到各式各样的颜色。通过直方图，我们可以很直观地查看每个通道的色阶分布情况，将直方图上显示的红、绿、蓝三色的色阶峰值，调整到一条垂直线上，偏色就可以得到修正（见图 5-18）。

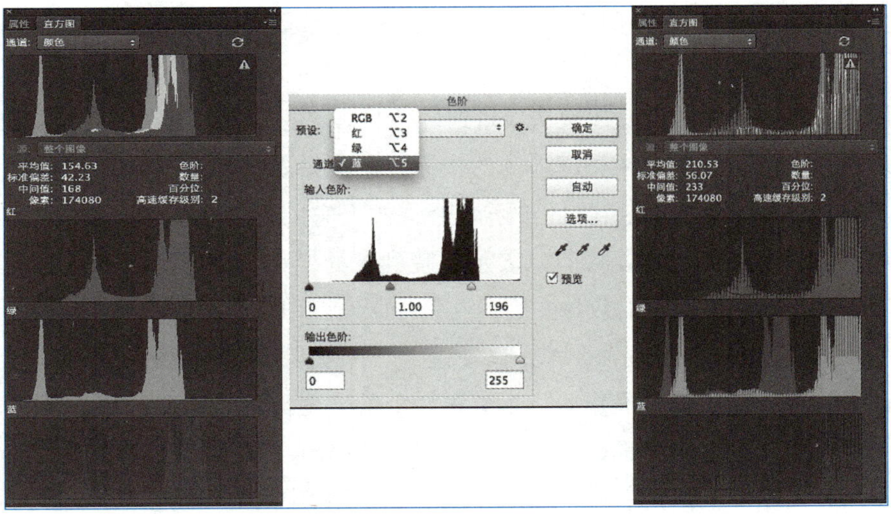

图 5-18　直方图色阶示例

使用 Photoshop 打开原图，选择菜单栏上的“窗口”—“直方图”命令。在直方图面板的右上角，单击小三角标志，在弹出的下拉菜单里，选择“全部通道视图”，然后再次单击小三角标志，在弹出的下拉菜单里，勾选“用原色显示通道”。

我们可以按住键盘上的快捷键 Ctrl+L，打开色阶面板。选择“红色”通道，调整白场三角向左移动到色阶峰值位置，在直方图上观察红色通道的色阶波峰向右移动。同样操作绿色通道和蓝色通道，使直方图上红、绿、蓝通道的色阶波峰在同一条垂直线上。

实训练习

完成一组产品图片的拍摄，并使用 Photoshop 软件将产品图片调整到合适的亮度，完成一组主图，要求像素为 1 000×1 000，纯白色底，保存成 PSD 格式（见图 5-19）。

图 5-19　产品拍摄图处理示例

单元四　图像处理与图片美化

一、图像处理——抠图

图片是网店装修、视觉营销的主要元素。由于各个跨境电商平台对产品图片都有相应的规定，直接拍摄的图片往往因为尺寸、背景等原因不能直接使用，因此我们需要对图片进行抠图处理。

抠图是将产品主体或图片中的一部分，从图片中经过选择后复制或剪切出来，是电商美工在处理产品图片时常用的功能。常用的抠图工具有选框工具、套索工具、魔棒工具、钢笔工具和通道抠图等，如表 5－3 所示。

表 5－3　抠图工具及其适用情况

抠图工具	适用情况
选框工具	矩形、圆形或椭圆形等规则图形
套索工具	边界是直线的物体
魔棒工具	物体与背景色反差较大且背景色较单一
钢笔工具	圆弧形物体或规则物体
通道抠图	背景相对简洁的毛发物体

（一）选框工具

选择矩形、椭圆形选框工具（按住快捷键 M 选择选框工具，按住快捷键 Shift＋M 可以切换矩形选框工具和椭圆形选框工具），按住鼠标左键，在画布上拖动来创建矩形或椭圆形的选区，然后对选区里的内容进行复制、剪切、填充等操作。目前，很多高性能智能手机后置摄像头的像素在 5 000 万左右，拍摄出来的照片尺寸都比较大。因此，对于一些没有进行细节拍摄的产品，可以通过选框工具选取细节部分来制作细节图。

微课
抠图工具——选框工具

（二）套索工具

微课
抠图工具——套索工具

对于边界是直线的物体（如产品包装盒等），电商美工在抠图时可以用多边形套索工具（按住快捷键 L 选择套索工具，按住快捷键 Shift＋L 可以切换磁性套索工具和多边形套索工具），方便地进行处理。

（三）魔棒工具

微课
抠图工具——魔棒工具

对于背景色相对单一，并且与要抠的主体在颜色和亮度上有明显差别的图片，电商美工可以使用魔棒工具或者背景橡皮擦工具来进行抠图。以下介绍常用的魔棒工具（按住快捷键 W 选择魔棒工具，按住快捷键 Shift＋W 可以切换快速选择工具和魔棒工具）。使用魔棒工具单击一个位置的像素时，计算机会以单击处的像素为参照，根据容差值对（周边连续的或不连续的）与之相近的像素进行判断并建立选区。

（四）钢笔工具

微课
抠图工具——钢笔工具

钢笔工具（按住快捷键 P 选择钢笔工具）是 Photoshop 抠图工具中功能最强大且最常用的一种。对于圆弧形物体或者边界清楚的物体，电商美工可以利用钢笔工具轻松抠出圆滑、精确的图片。

（五）通道抠图

对于模特的头发、毛绒玩具等，电商美工使用钢笔工具或者魔棒工具无法快速、高效地完成抠图。这时，电商美工可利用 Photoshop 的通道技术，相对高效地对背景简洁的毛发物体图片进行抠图。通道抠图是相对复杂的一种方法，主要利用红、绿、蓝三色通道来观察，选择毛发与背景对比度高的通道创建选区并进行抠图。

微课

抠图工具——通道抠图

二、图片美化

为符合各个电商平台对图片的要求，卖家常需要使用抠图工具将产品从原始照片中抠出来放到一个新的场景中。电商美工在通过抠图工具对产品图片进行处理后，常会明显感觉图片的画面很平淡，有时会发现产品仿佛悬浮在背景上，看着不够真实。为了使物体与背景更加协调，看起来更有质感，电商美工通常会选择增加阴影或倒影效果。阴影或倒影效果可以增加整个画面的立体感、空间感，并使图片显得更有质感。

微课

图片美化——倒影效果

（一）倒影效果

以图 5－20 为例，左图会给人产品悬浮在中间的感觉；而给产品添加倒影效果后，不仅可以使物品的立体感更强、更加有质感，还能提升产品的实境感。因此，倒影效果被广泛地运用于玻璃制品、化妆品、首饰手表、鞋子箱包等产品图片中。电商美工在制作倒影效果的过程中会综合应用抠图工具和渐变工具等。

图 5－20　倒影效果示例

（二）阴影效果

除了倒影效果外，电商美工还常常会给产品添加阴影效果。阴影在生活中随处可见，只要有光线存在，阴影就不可避免。正确地处理好光线和阴影，可以让图片显得真实、生动。

微课

图片美化——阴影效果

产品图片处理中最常见的阴影效果是接触阴影，也就是物体与平面接触时所产生的阴影区域。这种阴影的特点是比较黑，但又不是纯黑，它有一定的透明度和边缘柔和度，可以呈现出物体是放在某个表面上的（见图5－21）。

图5－21　阴影效果示例

三、图片修补

微课

商品图片修补

跨境电商卖家在上传产品图片时，可能会使用之前拍摄的图片或者其他现成的图片，如来源于1688、义乌购等国内电商平台的图片，因此，卖家需要对现有图片进行处理，如图5－22所示。照片在拍摄过程中，因为环境的影响可能会出现一些影响照片品质的污点、瑕疵等，同样可以通过图片修补来解决这些问题，让图片更加美观。

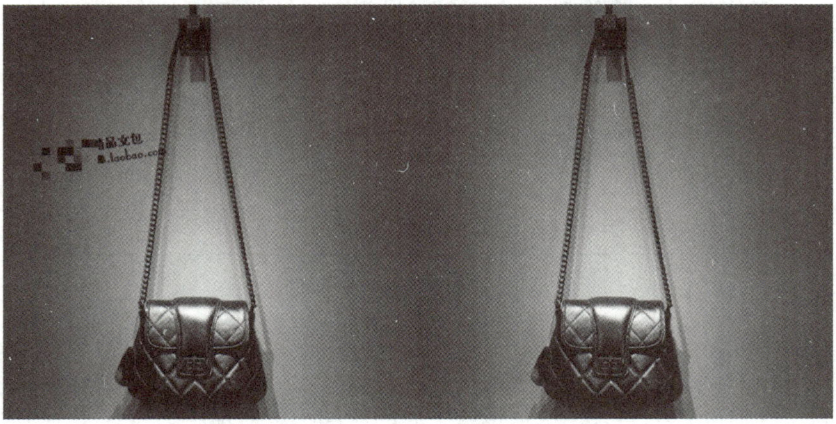

图5－22　图片修补示例

Photoshop 修复工具的基本原理是将待修复位置的像素信息（颜色、亮度），用周围或者其他位置的像素信息（颜色、亮度）来替换，从而达到修复的效果。常见的修复工具包括污点修复画笔工具、修补工具和仿制图章工具等，如表 5－4 所示。

表 5－4 常见的修复工具及其适用情况

修复工具	适用情况
污点修复画笔工具	用于快速移除图像中小瑕疵、污点或不需要的元素
修补工具	适合较大面积像素的修补或替换，保留像素原来的亮度信息
仿制图章工具	避免使用修补工具时出现的模糊的过渡色

实训练习

假设你是 U&M 公司的业务员，现在要为你们公司的旺铺装修做准备，请根据下列要求，制作两张适用于国际站的 Banner。

- 图 1 用于塑造或提升公司整体品牌形象。
- 图 2 用于具体产品的推广，要求必须有产品图片、广告语，可以有活动时间、折扣信息、活动理由、品牌 Logo 等信息。（用英文）
- 产品不能有明显变形。
- 宽度为 990 像素，高度为 300、350 或 400 像素，分辨率为 72 像素/英寸。
- 保存为 jpeg 格式。

图 5－23、图 5－24 为示例。

图 5－23 Banner 示例 1

图 5-24　Banner 示例 2

模块练习

一、判断题

1. 如果在图片处理软件中对一张图片添加水印，那么此操作的主要目的是使图片更加美观。(　　)

2. 国际站和淘宝都隶属于阿里巴巴集团，它们对产品主图的要求是完全一样的。(　　)

3. 产品主图一般建议使用 800 像素×800 像素或 1 000 像素×1 000 像素的图片。(　　)

4. 跨境电商平台的视觉营销需要充分考虑不同国家和地区消费者的审美差异。(　　)

5. 在拍摄反光性产品时，应该从侧面进行拍摄。(　　)

二、不定项选择题

1. 在 Photoshop 中更改某一图层的大小时，应该选定图层后在键盘上按住(　　)键。

A. Ctrl+Q　　B. Ctrl+T　　C. Ctrl+O　　D. Ctrl+P

2. 将长方形图片裁剪成正方形，可以在使用“裁剪”工具的同时在键盘上按住(　　)键。

A. Shift　　B. Ctrl　　C. Alt　　D. Enter

3. 在进行图片抠图时，通常不会用到(　　)。

A. 选框工具　　B. 套索工具　　C. 画笔工具　　D. 魔棒工具

4. 以下关于视觉营销的说法，哪些是正确的？(　　)

A. 视觉营销就是网络营销

B. 视觉营销是做好营销工作必不可少的营销手段之一

C. 可以利用色彩、图像和文字等方式造成冲击力，吸引潜在顾客的关注

D. 视觉营销可以增加网站和产品的吸引力

5. 影响产品从曝光到被点击的最主要因素是（　　）。

A. 产品标题　　　　B. 公司信息

C. 产品图片　　　　D. 产品交易信息

知识拓展

阿里巴巴国际站图片质量规范

尊敬的供应商伙伴：

近期，平台推出了优质图片的建议，您可以参考优质图片的建议与案例，对自己的产品图片进行优化。

小提示：

（1）有无 Logo 都是优质图片，都能达到精品要求，但是没 Logo 精品分数可能会更高，原因是可以让除产品主体外没任何内容的最优质的图片有所区别；不过不用担心，只要是 4 分以上的精品，因图片产生零点几分的差异，在搜索端的排序几乎没什么影响，建议大家根据自己情况选择是否添加 Logo。

（2）没有美工怎么办？没关系，“图片拍摄教程”来帮你，利用有限设备快速拍出优质图片。

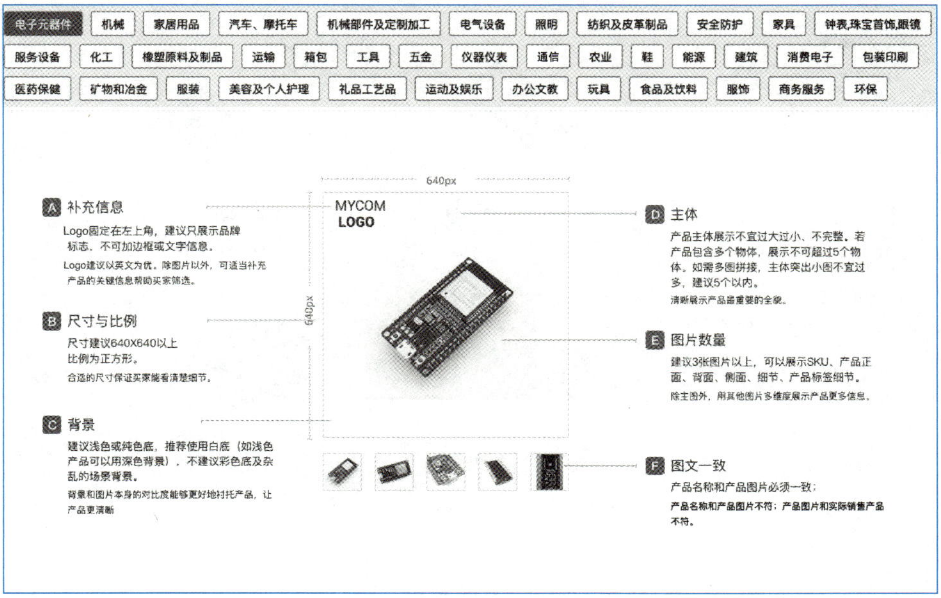

电子元器件类目主图详细规范介绍（均为优图建议）

要求	建议案例	不建议案例
A 补充信息： Logo统一摆放在图片左上角，Logo区域：宽高建议≤整张图宽度3/9、高度2/9，**Logo建议以英文为优。**不建议出现文字、水印、促销类文字、二维码、认证标示、边框等，干扰产品展示的信息。	 Logo展示图片在左上角（Logo大小建议在红框区域内）	 Logo不宜在右上角
B 尺寸与比例： 尺寸建议640X640以上，**比例为正方形。**		 图片长宽比例非正方形
C 背景： 建议浅色或纯色底，**推荐使用白底（如浅色产品可以用深色背景）**，不建议彩色底及杂乱的场景背景。	 背景无干扰、商品清晰突出	 背景场景杂乱
D 主体： 产品主体展示不宜过大过小、不完整。若产品包含多个物体，展示不可超过5个物体。如需多图拼接，主体突出小图不宜过多，建议5个以内。	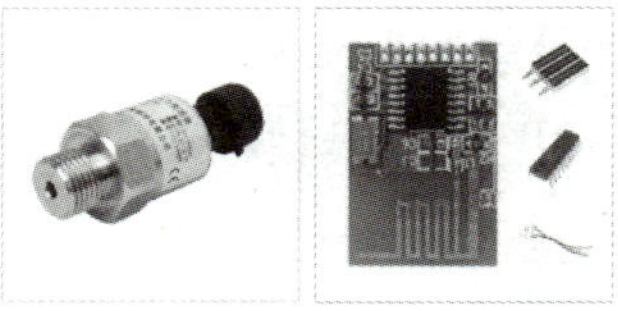 产品主体展示大小合适、构图居中，展示产品正面	 图片过多，主体不突出
E 图片数量： 建议3张图片以上，可以展示SKU、产品正面、背面、侧面、细节、产品标签细节。	 图片三张以上，图片展示有逻辑	 图片少于三张
F 图文一致： 产品名称和产品图片必须一致。	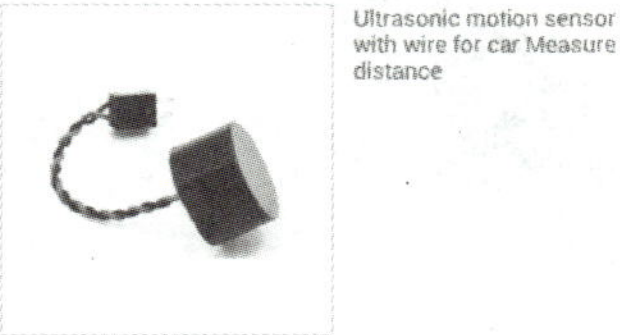 产品和产品图片一致	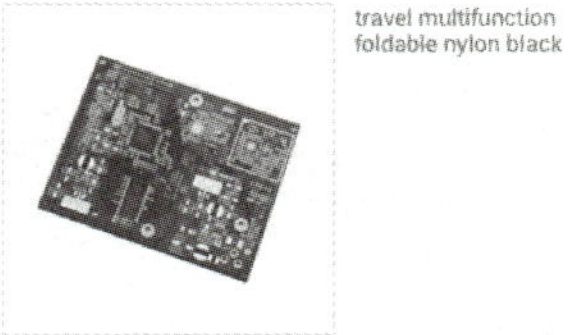 产品名和产品图片不一致

常见问题：

1. 必须满足这么多行业要求吗？不满足会有什么影响？

答：规范分为 3 个全行业通用的基础硬性规范（尺寸 350 像素×350 像素以上、近似正方形、大小小于 5MB）和分行业的优图建议，硬性规范必须满足，否则无法发布产品，而优图建议规范不强制要求，可以参考，目的是引导大家优化图片，后续搜索只会针对差图做排序影响，主要围绕图片背景清晰、图片主体突出且明确、文字、边框等几个方面。

2. 为什么不建议加边框？

答：之前平台没有明确过对图片边框的详细要求，但客户可能从一些非官方渠道听到建议加边框会提升点击的声音，但从目前的情况来看加边框各式各样杂乱无章，对买家的购买体验并不好。为了提升买家体验，统一规范，平台明确了方向（不建议加边框），希望大家据此优化自己的图片。

3. 主图不加水印，被盗图怎么办？

答：平台对于盗图是有投诉流程的，同时我们也会尽快上线其他工具来解决盗图问题。

4. 主图什么都不让加，如何体现我的产品特色？

答：可以在产品的第二、第三、第四张图及详情中体现你的产品特色。

5. 为什么我按照提示优化了图片并且发布成功，但是诊断中心还提示图片质量不佳？

答：目前诊断中心的数据同步有 4～5 天的滞后，只要您在编辑产品时没提示有问题，就说明没问题了。

模块六 产品发布

学习目标

● 知识目标

1. 了解主流跨境电商平台对产品发布的要求
2. 了解阿里巴巴国际站发布产品的流程
3. 了解阿里巴巴国际站的搜索排序规则

● 技能目标

1. 能够按照要求准备产品素材
2. 能够设置产品标题和关键词
3. 能够完成产品发布

● 素养目标

1. 培养全球视野
2. 培养对国际贸易行业的职业认同感
3. 增强民族自豪感和自信心
4. 培养知识产权（品牌）保护的意识

单元一　产品发布的准备

一、发布产品前的准备

微课

发布产品前的准备

发布产品信息是网店建设的基础，也是关键的一步。在产品发布之前，卖家需要做好相关的准备工作。

（1）了解并熟悉自己的产品及行业情况，以便筛选更精确的产品关键词。

（2）筛选出适用于自己的产品的关键词。

（3）准备对应不同的类目或型号的产品图片（包含产品多角度的展示图片和细节展示图片），并进行分类备注，如图 6－1 所示。

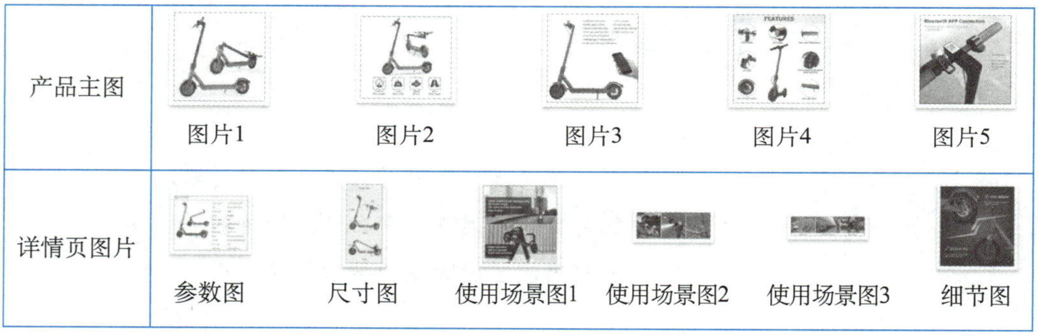

图 6－1　产品图片示例

（4）准备对应不同类目或型号的产品的参数信息及交易信息，并进行分类备注，如图 6－2 所示。

	A	B	C	D	E	F	G	H	I	J	K
1	QINGMAI Electric Quadro Scooter Chariot Long Distance Smart Electrically										
2	**Essential details**						**Packaging & delivery**				
3	Place of Origin:	Guangdong, China					Selling Units:	Single item			
4	Brand Name:	QINGMAI					Single package size:	96X22X43 cm			
5	Model Number:	H7					Single gross weight:	11.000 kg			
6	Power:	201-500w					Package Type:	Each piece will be firmly packed in a strong carton box.			
7	Voltage:	36V					1. Product size:103*94*43cm				
8	Foldable:	Yes					2. Packing size:94.2*19.8*40cm				
9	Max Speed:	21-30km/h					Lead time:				
10	Category:	Two-wheel Scooter					Quantity(pieces)	1 - 10	11 - 1000	>1000	
11	Applicable People:	Unisex					Lead time (days)	3	15	To be negotiated	
12	Smart Type:	Electronic, Digital									
13	Product name:	8.5 Inch EU Warehouse E Scooters									
14	Battery capacity:	36V 7.8AH/10.4AH									
15	Frame material:	Aluminum Aolly									

图 6－2　产品参数信息示例

（5）准备产品内页设计模板，如导航栏、通用介绍模板（公司介绍、生产流程介绍等）、客户关系、物流等，如图 6－3 所示。

公司信息	 工厂优势  公司简介  公司信息  认证与展会
客户关系	 客户评价  FAQ
物流	 海外仓

图 6-3　通用介绍模板示例

二、发布产品的常见问题

目前，大多数跨境电商平台都会对产品进行分类。每个产品都有相应的类目，放错类目将导致买家无法找到该产品。因此，找到适合产品的类目是发布产品的第一步。根据阿里巴巴国际站的排名规则，卖家选择最精准匹配的类目，有利于提高排名。我们以阿里巴巴国际站为例，简单说明在发布产品时一些常见的问题。

（一）类目错放

类目错放是指卖家发布产品时，产品的实际类别和发布时所选择的类目不匹配。卖家应选择相关性高且最合适的最小类目，有可匹配类目时不能选择 others 类目。系统推荐类目仅供参考，卖家应根据产品的实际情况谨慎选择。

（二）重复铺货

重复铺货是指卖家发布的产品信息之间存在相同或相似，或者重要产品属性、描述（包括但不限于品牌、规格型号、材质、图片信息等）存在相同或相似的情形。

（三）标题描述违规

标题描述违规主要包含但不限于以下几类：标题无明确商品名称、标题带有联系方式、标题商品名堆砌、标题描述堆砌（包括但不限于商品名、品牌、型号、修饰词堆砌）、标题商品名与商品图片不符、标题描述与详细描述中的买卖意向不符等。

（四）虚假价格/MOQ

虚假价格/MOQ（Minimum Order Quantity，最小订单量）是指包括但不限于商品的发布价格区间与同行业同类商品市场价格相比相差甚远、商品发布价格低但运费显著高于一般水平、实际收取的运费比发布的商品运费高或虚报 MOQ 等行为。

（五）其他虚假类信息

其他虚假类信息是指供应商在产品详情及旺铺填写涉及虚假的信息，包含但不限于虚假产品证书、虚假专利、虚假企业质量管理体系认证证书、品牌假货、不符合行业规范等。

三、阿里巴巴国际站发布产品的流程

发布产品是卖家在阿里巴巴国际站运营中最日常的工作。卖家需发布真实、准确、合法、有效的产品信息，禁止发布假货、仿货等侵犯他人知识产权的信息，建议在产品发布前仔细查看相关规则，如知识产权规则、禁限售规则（见图 6－4）等，避免违规被处罚。

图 6－4　阿里巴巴国际站平台规则示例

（一）登录后台

卖家登录阿里巴巴国际站主页，点击右上角的 Sign in 或者 My Alibaba 进入登录页面，输入登录名和密码后进入后台管理界面，按照“商品管理”—“商品发布”路径，进入商品发布页面（见图 6－5）。

（二）选择类目

在商品发布页面，通过搜索框输入英文关键词来搜索对应的类目，并选择正确的类目（见图 6－6）。准确选择类目非常重要，因为错误的类目选择会导致买家无法找到产品，从而影响流量和销售。产品类型包括“直接下单品”和“非直接下单品”，“直接下单品”就是可以现货批发的产品。

（三）设置产品标题

由于产品标题是买家搜索时的第一匹配要素，因此卖家需要格外注意。卖家设置产品标题时，应符合买家的搜索行为习惯，使用核心关键词，并适当使用介词，如“with”或“for”，以增加搜索匹配度。

图 6－5　阿里巴巴国际站卖家后台示例

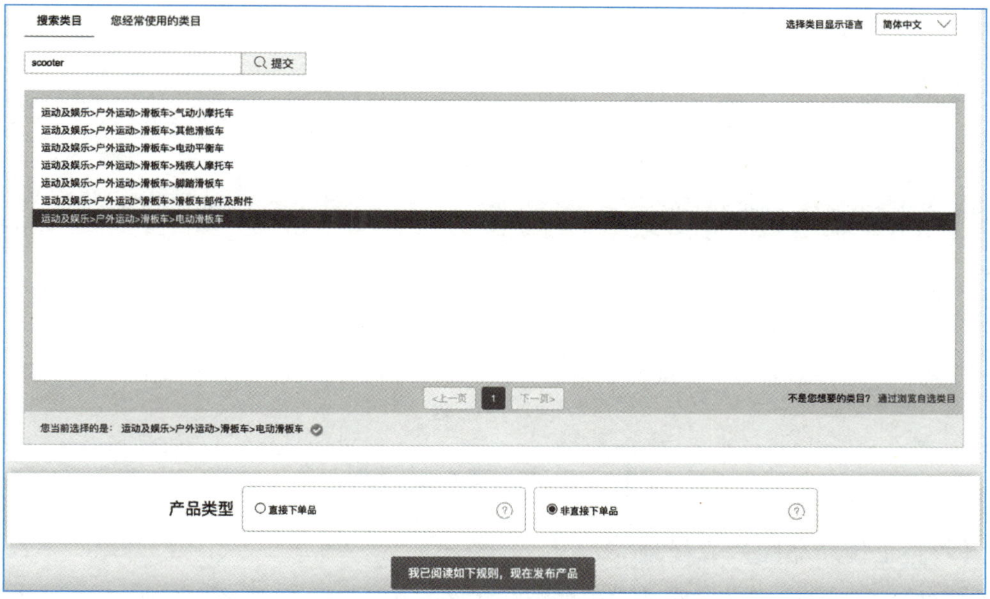

图 6－6　类目选择示例

(四) 添加产品关键词

在设置完产品名称后，需要继续添加产品关键词（见图 6－7）。卖家应选择常用的产品关键词，避免使用过长的关键词或添加公司内部产品型号。产品关键词不区分大小写，买家喜好度和单复数形式会影响排名。

(五) 设置商品属性

卖家应根据所选类目推荐的属性填写商品属性，同时可以添加最多 10 条自定义属性，以提供更多关于产品的补充说明（见图 6－8）。

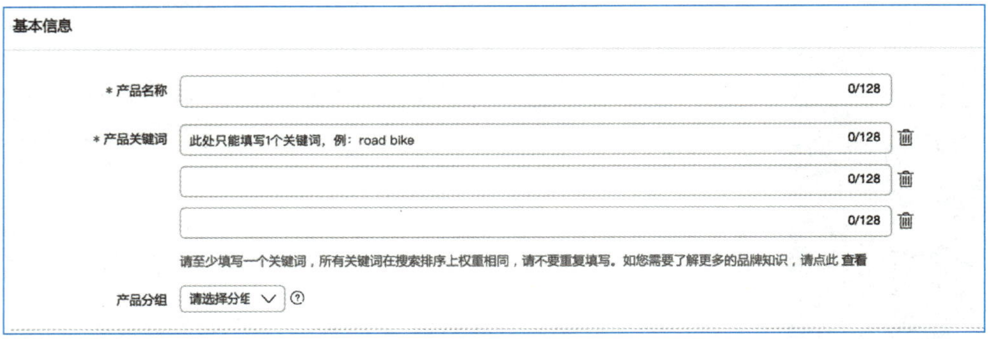

图 6－7　设置产品名称和产品关键词示例

图 6－8　填写商品属性示例

（六）上传产品图片或视频

最多可上传 6 张图片，默认上传的第一张图片为主图。产品图片需要满足一定的规格要求，如大于 640 像素×640 像素的正方形图片，格式为 jpeg、jpg、png，大小在 5MB 以内（见图 6－9），色彩模式为 RGB。卖家可以自选是否上传产品视频。

（七）编辑产品详情描述

产品详情页通常包括产品图片、产品参数信息、使用场景、公司信息、认证与展会、客户关系、物流信息等内容。卖家可以根据实际设置属于自己的导航模板（见图 6－10），如将产品描述（Product Description）、包装 & 物流（Packaging & Shipping）、我们的服务（Our Services）、公司信息（Company Information）、常见问题解答（FAQ）等内容放入模板并进行编辑，从而节约上传产品详情描述的时间。

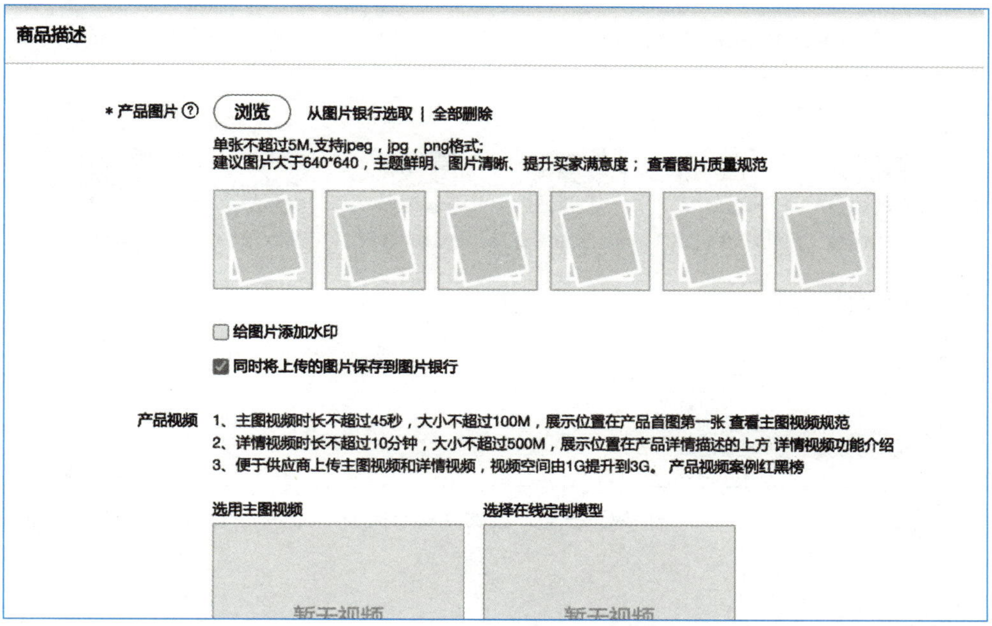

图 6－9　添加产品图片示例

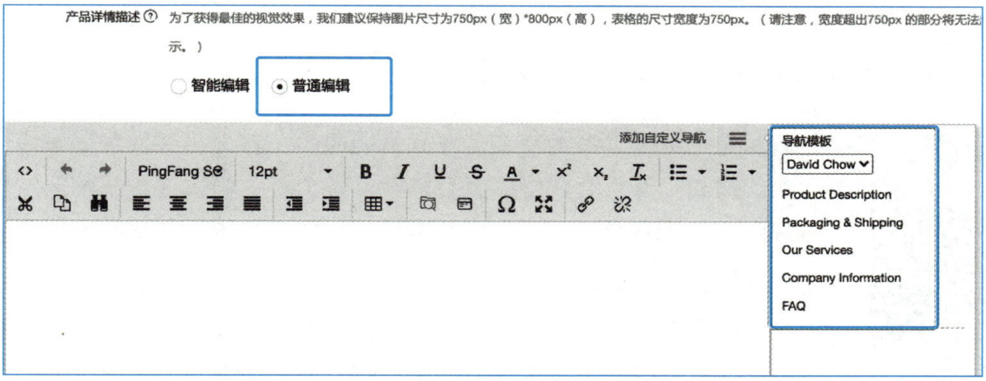

图 6－10　添加产品详情描述示例

（八）设置交易信息

交易信息包括是否支持一口价、价格设置（可以是阶梯价格或价格区间）、最小起订量（MOQ），以及支付方式和物流信息等。

实训练习

假设你是 U&M 公司的业务员，请利用互联网，对比阿里巴巴国际站和全球速卖通相同产品的产品详情页页面，分析异同点。根据你的分析，完善已有的产品图片和信息，准备一份适用于阿里巴巴国际站的完整的发布素材（可以参考图 6－11）。

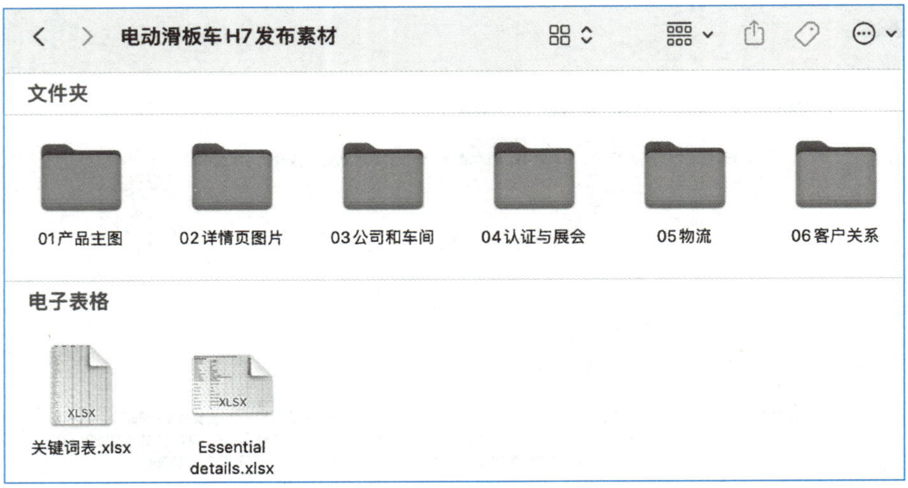

图 6-11　发布素材示例

单元二　搜索排序规则与产品发布

一、阿里巴巴国际站的搜索排序规则

微课

国际站的搜索排序规则

各个跨境电商平台上都有海量的商品，为了帮助买家快速找到想要的商品，并且有较好的交易体验，各个平台都设置了一套搜索排序规则。虽然平台不会对卖家公布具体细节的算法，但是搜索排序的基本原则都是让表现好的卖家拥有更多的曝光机会，而减少表现差的卖家的曝光机会。搜索排序的目的是将最好的商品和服务能力最好的卖家优先推荐给买家。因此，卖家要想让自己的商品的排序靠前，就必须遵守平台的搜索排序规则。

影响卖家搜索排序的因素有很多，以下是一些主要的因素。

（1）卖家要如实描述商品且信息完整、准确。由于商品的标题、发布类目、属性、图片、详细描述等对于买家快速做出购买决策来说非常重要，因此卖家应准确、详细地填写。由虚假描述引起的纠纷会严重影响卖家的排名情况，甚至会导致卖家受到平台的处罚。

（2）商品与买家搜索或类目浏览的需求非常相关。相关性是搜索引擎技术中一套非常复杂的算法，简单地说，就是买家在输入关键词搜索时，卖家的商品与买家实际需求的相关程度。相关性越高的商品，排名越靠前。平台在判断相关性时，首先考虑的是商品标题，其次会考虑发布类目的选择、关键词、商品属性的填写以及商品详细描述的内容。

在这个基础上，平台往往还会综合考虑商品的转化能力和卖家过往的服务表现。转化率高、卖家服务好的商品的排序会靠前，但是如果有相关的搜索作弊行为，将会大大影响该卖家商品的排序，甚至导致该卖家的商品没有排序的机会。

二、产品标题的设置

卖家在发布产品时，应首先确定产品类目，接下来就是设置产品标题。产品标题是产品的主要信息。产品标题设置得是否合理决定了买家能否精确地搜索到相关产品。换言之，在产品信息质量相同的情况下，产品标题的设置是否符合买家的搜索习惯，在很大程度上决定了产品的排名。

微课

产品标题的设置

卖家在设置产品标题时，要注意不能与其他产品雷同。卖家发布的产品信息之间存在相同或相似的情形，会被平台认定为重复铺货。各个平台对重复铺货的行为都有相应的处罚措施。

以阿里巴巴国际站为例，买家通过某个关键词搜索涉嫌重复铺货行为的同类商品信息时，搜索结果中仅展示买家喜好度最高且历史效果最佳的一条商品信息，其他重复商品信息将不在搜索结果中展示。

在设置产品标题时，卖家除了确保产品名称和买家搜索词的相关性外，要尽量将核心词放在前面。产品名称要恰当地突出产品优势，既不要过短也不要过长。买家搜索词是有 50 个字符限制的，名称过长，就会导致与买家搜索词的匹配度不高。同时，产品标题应避免包含多个不同的名称，因为产品名称的罗列和堆砌，不但不会提升产品的曝光度，反而会降低产品与买家搜索词匹配的精度，从而影响搜索结果和排序。

三、产品关键词的设置

对于一款产品来说，产品标题是第一匹配要素，而产品关键词是对产品名称的校正，便于机器快速识别、准确匹配。一款产品的多种叫法不建议同时出现在产品标题中，可以体现在产品关键词中，从而达到校正的目的。卖家可以结合买家的搜索热词来设置，从而提升产品被买家搜索到的概率。例如：在标题里出现了 cell phone（手机），那么关键词可以是 mobile phone 或者 cellular phone 等。

微课

产品关键词的设置

以阿里巴巴国际站为例，对于每个产品，卖家可设置三个关键词，这三个关键词同等重要且不分先后，不建议卖家设置三个完全相同的关键词。卖家必须填写产品的主关键词，可选填另外两个关键词（如果产品有多种称法），如果没有则无须填满，因为关键词是否填满并不会影响搜索结果顺序。建议卖家选择买家常用的热门关键词，以便让买家快速搜索到产品；尽量不要添加公司内部产品型号作为关键词，因为如果该型号不是行业内通用型号，买家的搜索热度往往不高。如果卖家要填写产品型号的话，应尽量使用行业内通用型号，这样才有更多的机会被买家搜索到。

实训练习

请你为准备好的产品设置标题和关键词，有条件的可以利用实训平台或者卖家后台，完成产品发布的任务。发布产品示例如图 6－12 所示。

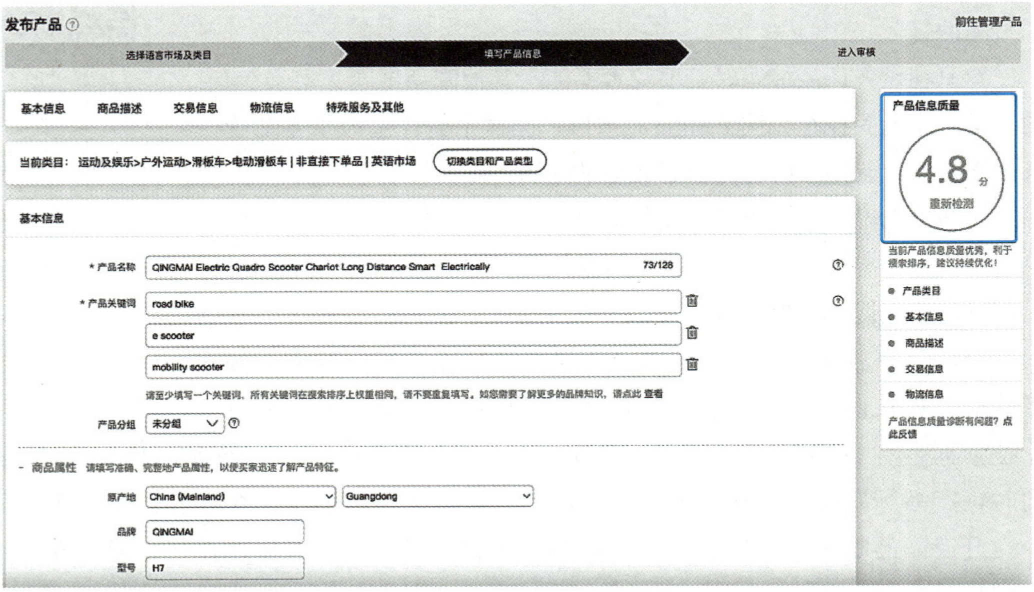

图 6－12　发布产品示例

模块练习

一、判断题

1. 买家搜索的关键词在文本中反复出现的次数越多越好。（　　）

2. 在阿里巴巴国际站发布产品的时候，三个关键词必须填满。（　　）

3. 产品标题是影响产品从曝光到被点击的最主要因素。（　　）

4. 发布标题的时候应该写上行业内的著名品牌，这样有利于提高产品曝光率。（　　）

5. 类目错放是指卖家发布商品时，商品的实际类别和发布时所选择的类目不匹配。（　　）

二、不定项选择题

1. 发布产品时，通常能上传到平台的图片格式有（　　）。

A. jpeg　　B. jpg　　C. psd　　D. png

2. 关于发布新产品，以下描述正确的是（　　）。

A. 产品属性要填写完整、专业

B. 只要设置关键词了，没有标题也是没关系的

C. 产品的类目可以在推荐的 3 个类目中随便选一个

D. 产品图片要越大越好

3. 平台通常建议产品标题可以包含哪些信息？（　　）

A. 产品型号　　B. 修饰词　　C. 关键词　　D. 促销信息

4. 按照阿里巴巴国际站的搜索排序规则，卖家的下述哪些行为有利于商品被买家搜索到？（　　）

A. 如实描述商品且信息完整、准确

B. 在标题和关键词中使用与商品相关的热搜词

C. 将商品的不同叫法放在关键词中

D. 做好商品转化和服务表现的积累

知识拓展

阿里巴巴国际站商品信息滥发违规处罚规则

阿里巴巴国际站（以下简称“平台”）一直致力于诚信原则，并积极维护平台有序的市场秩序，为制止商品信息的滥发行为，提升用户体验，特依据《阿里巴巴国际站总则》，制订本规则。

一、定义

商品信息滥发（以下简称“信息滥发”）违规，是指卖家在平台发布的商品信息存在包括但不限于：商品信息描述违规、店铺信息描述违规、商品类目错放、商品重复铺货、虚假价格、虚假 SKU 及虚假最小起订量（MOQ）等有损平台健康交易环境的情形。

二、违规分类

（一）类目错放

定义：指卖家发布商品时，商品的实际类别和发布所选择的类目不匹配。

商品应选择相关性高且最合适的最小类目，有可匹配类目时不能选择 others 类目。系统推荐类目仅供参考，卖家应根据商品的实际情况谨慎选择。

对于特殊管控类目，卖家发布相关商品信息时必须选择指定类目。如果卖家未按规定选择类目，平台将认为卖家存在恶意规避规则的行为，有权依据《阿里巴巴国际站禁限售规则》以及本规则进行处罚。

（二）重复铺货

定义：卖家发布的产品信息之间存在相同或相似或者重要产品属性、描述（包括但不限于品牌、规格型号、材质、图片信息等）相同或相似的情形。相同产品的不同规格型号应当发布在同一个商品的不同 SKU 属性下。

（三）虚假价格、虚假最小起订量（MOQ）、虚假 SKU 等虚假商品信息

虚假价格、虚假最小起订量（MOQ）、虚假 SKU 等虚假商品信息是指包括但不限于商品的发布价格区间与同行业同类商品市场价格相比相差甚远、商品发布价格低但运费显著高于一般水平、实际收取的运费比发布的商品运费高、滥用 SKU 设置功能（如以非常规方式设置规格、数量、单位、邮费等信息，或通过 SKU 的设置变更关键商品要素）发布偏离正常价格的高价或低价的 SKU、虚报最小起订量（MOQ）、虚假库存等虚假商品信息行为。

（四）商品信息、店铺信息描述违规

主要包含但不仅限于以下几类：

（1）标题描述违规：包括标题无明确商品名称、标题带有联系方式、标题商品名堆砌、标题描述堆砌（包括不限于商品名、品牌、型号、修饰词堆砌），以及标题使用与实际销售产品不符的关键词等。

（2）商品要素冲突或者不一致：涉及商品标题、图片、属性、详情等信息不一致或相互冲突的情况。

（3）商品、店铺的基础信息或资质信息等与实际不符等情形。

三、商品信息滥发处罚方式

“商品雷达”推送商品信息滥发整改任务的范围及其相关处置。

（1）平台将推送需要整改的商品至“商品雷达”，并对相关商品在 14 个自然日的整改期间限流，若商家在上述整改期内未完成整改，平台将对相关商品进行下架处理。

（2）平台每月 5 日统计前一个自然月“商品雷达-商品滥发”超时未整改的任务量，若商家在该自然月内超时未整改的任务数量超过 10 次，则从第 11 次起，平台有权对每一个超时未整改的任务向商家收取 20 美元（单月封顶 500 美元）的违约金。

（3）可能被推送至“商品雷达”违规类型包括但不限于类目错放、重复铺货、虚假

价格、虚假MOQ、价格设置异常、商品信息描述违规等本规则中所阐述全部违规商品。推送范围如下：

违规类型	商品雷达违规问题-商品滥发	问题子项
虚假价格、虚假最小起订量（MOQ）、虚假SKU、虚假库存等虚假商品信息	页面价无法成交（虚假价格）	商品价格虚假
		样品价格虚假
	虚假MOQ	商品MOQ虚假
		样品MOQ虚假
		定制MOQ虚假
	虚假库存	商品库存虚假
	阶梯价格设置异常	阶梯价格设置异常
	产品规格异常	产品规格异常
	区间低价异常	区间低价异常
	商品价格过低	商品价格过低
	商品库存不足	商品库存不足
类目错放	类目错放	类目错放
重复铺货	重复铺货	重复铺货
商品信息描述违规	标题描述违规	标题带有联系方式
		标题描述与实际销售产品不符
		标题中关键词堆砌或者重复使用
	商品要素冲突或者不一致	商品标题与图片冲突或不一致
		商品属性与图片冲突或不一致
		商品属性与标题冲突或不一致

具体推送范围以“商品雷达”实际推送为准。

1. 对于影响买家体验的违规行为，如被买家投诉成立或被平台巡检判定违规的店铺，平台有权对店铺进行单次扣除6分的处理，并对店铺内全部商品或部分商品（包括违规商品和非违规商品）调整搜索排名。

2. 对于严重违反本规则的行为，平台保留将商品下架或删除、冻结或关闭相关店铺账户的权利。

四、其他商品信息管理

（一）不活跃商品清理

【适用情形】近180天内无有效编辑且商品访客数、询盘（反馈）、收藏数、分享数、比价数、TM咨询、批发订单、信用保障订单等全部数据都为0的商品。

【管理措施】下架商品，督促优化。

（二）商品发布管理

【适用情形】因类目属性调整须重新编辑的商品，或因行业特殊规定限制，或发布审核不通过的商品。

【管理措施】下架商品。

注：

1. 阿里巴巴有权根据法律法规的调整、经营环境的变化等因素及时地修订本规则并予以公示，修订后的规则于公示中指定日期生效。

2. 本规则为《阿里巴巴国际站总则》的组成部分，本规则与《阿里巴巴国际站总则》不一致的，以本规则为准，本规则未尽事宜，以《阿里巴巴国际站总则》为准。如中文和非中文版本存在不一致、歧义或冲突的，应以中文版为准。

模块七 海外营销与站内营销

学习目标

● 知识目标

1. 了解海外营销的主要方式
2. 了解阿里巴巴国际站的主要营销手段
3. 了解搜索引擎营销的流程
4. 了解社交媒体营销的途径

● 技能目标

1. 能够撰写访客营销邮件
2. 能够设置站内营销活动

● 素养目标

1. 培养全球视野
2. 培养对国际贸易行业的职业认同感
3. 增强民族自豪感和自信心

单元一 海外营销

一、跨境电商营销方式

跨境电商营销方式有很多，不同类型的跨境电商企业使用的营销方式也有差别。对于B2C独立站，如SHEIN、兰亭集势、米兰网等，搜索引擎营销（Search Engine Marketing，SEM）、社交媒体营销（Social Networking Services，SNS）、电子邮件营销（Email Direct Marketing，EDM）等主流营销方式必不可少；对于第三方平台，如阿里巴巴国际站、全球速卖通等，平台除了线上营销，也会尝试线下推广，如电视、报纸、户外广告牌等；而对于广大平台卖家来说，站内引流是推广营销的主要方式。

在跨境电商交易中，无论是实力雄厚的企业还是初创型企业，无论是全网营销还是精准营销，营销的关键都是传递给潜在消费者信息，因此，我们称内容营销是基础。内容营销是指通过创造和传播相关性强的内容和有价值的内容，以吸引目标人群的关注，达到推广品牌和促进销售的目的。在信息爆炸的时代，传统的“硬广告”不仅难以引起消费者的注意，甚至可能造成消费者的反感。

内容营销无处不在。在搜索引擎营销中，搜索引擎优化和关键词竞价排名都与网站的内容质量高度相关，网盟广告的内容也是提高点击率的关键；在社交媒体营销中，卖家只有发布有创意的、有趣的或者有用的内容，才能吸引粉丝并留住粉丝；在电子邮件营销中，如果邮件内容仅仅是优惠促销信息，必然会引起用户退订……无论是跨境电商平台、独立站，还是平台卖家，都应该重视内容营销。

二、搜索引擎与搜索引擎营销

（一）搜索引擎

搜索引擎（Search Engine）是一种互联网应用工具，是根据用户需求与一定算法，运用特定策略从互联网检索出指定信息并反馈给用户的一门检索技术。它是互联网时代最主要的信息检索工具之一，为用户提供了便捷、快速的获取各种信息的途径。

根据Statista全球统计数据库的相关数据，2024年1月，全球排名前六的搜索引擎在电脑端的市场份额分别是：Google（谷歌）81.95%、Bing（必应）10.51%、Yahoo!（雅虎）2.67%、Yandex（俄罗斯第一大搜索引擎）2.42%、DuckDuckGo（美国的一家小型搜索引擎）0.69%、Baidu（百度）0.53%（见图7-1）。

在移动端的市场份额分别是Google 95.32%、Yandex 1.53%、Baidu 0.96%、Bing（必应）0.52%、Yahoo! 0.47%、DuckDuckGo 0.47%（见图7-2）。

从数据中可以看出，无论是电脑端还是移动端，Google都占据了全球搜索引擎绝大部分的市场份额。

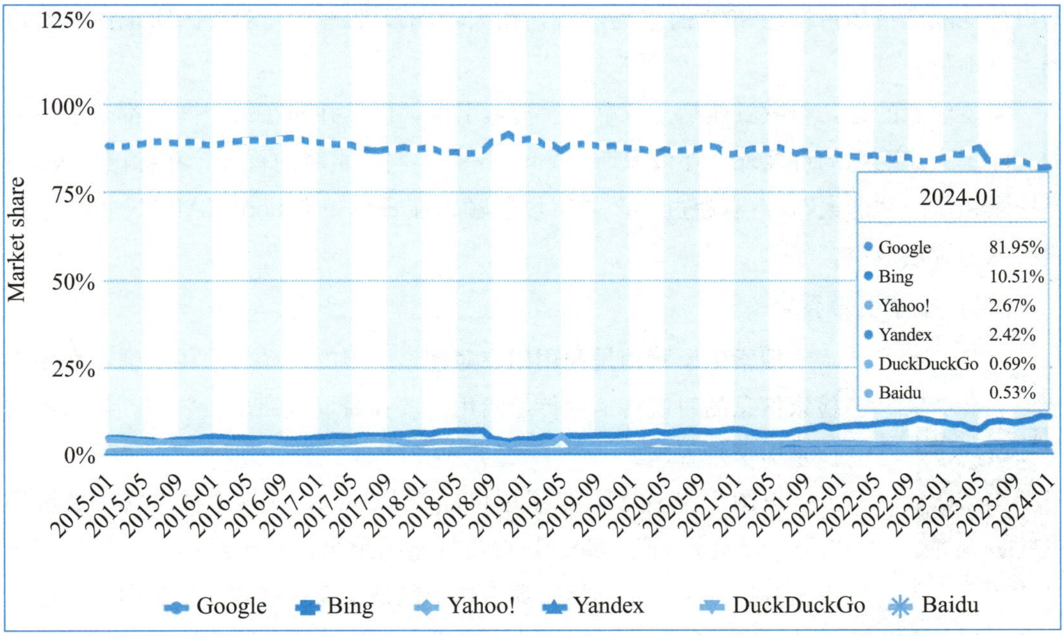

图 7-1　2015 年 1 月—2024 年 1 月全球主要搜索引擎在电脑端的市场份额

资料来源：Statista 官网.

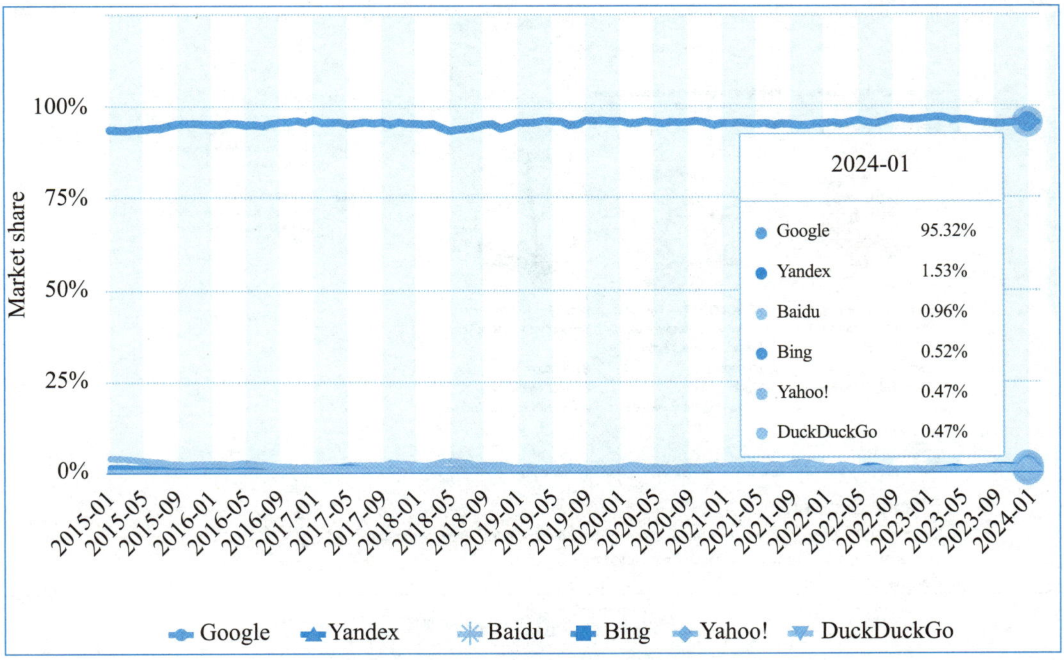

图 7-2　2015 年 1 月—2024 年 1 月全球主要搜索引擎在移动端的市场份额

资料来源：Statista 官网.

谷歌公司成立于 1998 年 9 月 4 日，由拉里·佩奇和谢尔盖·布林共同创建，被公认为全球最大的搜索引擎公司。谷歌在北美市场占据超过 70%的市场份额，在除俄罗斯以外的欧洲市场占据约 90%的市场份额，在大洋洲及亚洲的大多数国家也占据着市场主导地位。

需要注意的是，谷歌虽然是全球第一大搜索引擎，但其并非在每个国家都是最主流的。除了大家熟悉的百度外，在俄罗斯，Yandex 是人们搜索时的首选；在韩国，Naver 是搜索领域的“老大”，占有超过 2/3 的市场份额；在日本，Yahoo! JAPAN 占据了搜索引擎的统治地位。

（二）搜索引擎营销

微课

搜索引擎营销

搜索引擎营销是利用用户对搜索引擎的依赖和使用习惯，在用户检索信息的时候将信息传递给用户。在跨境电商出口领域，最重要的搜索引擎是谷歌。

以图 7－3 为例，如果用户打开 Google，在搜索框里键入关键词“electric scooter”，Google 会将搜索结果页面呈现给用户。如果用户点击并进入了一个网站，那么这个网站就通过搜索引擎吸引了一位访问者。如果企业想通过搜索引擎吸引更多的访问者进入网站，就要采取特定的行动，这就是搜索引擎营销。

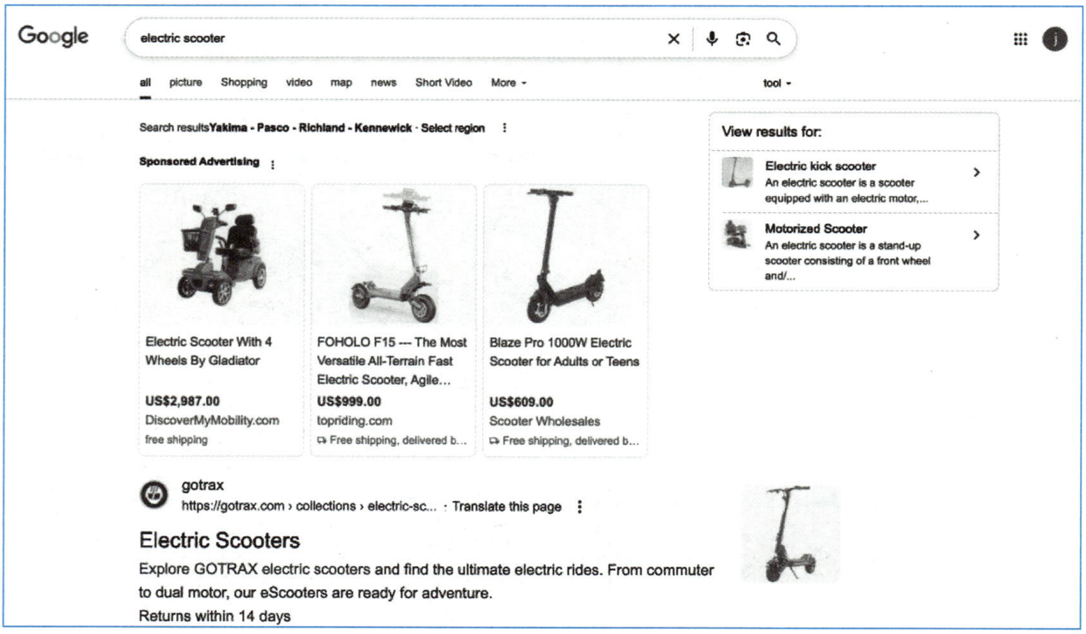

图 7－3　搜索引擎示例

图 7－3 的搜索结果页面展示了两种搜索结果：付费搜索结果和自然搜索结果。

1. 自然搜索结果

自然搜索结果是指用户在搜索关键词时自然出现的、与关键词最相关的结果。如果企业要想让网站出现在关键词搜索结果中，并且排序靠前，就需要对网站进行持续有效的搜索引擎优化（Search Engine Optimization，SEO）。SEO 是指通过对网站进行优化设计，使得网站在搜索结果中排名靠前。企业主要通过网站内容优化、关键词优化、外部链接优化、内部链接优化、图片优化等手段进行搜索引擎优化。

事实上，在搜索结果页面，大多数访问者都会点击自然搜索结果。因此，SEO 是搜索引擎营销的一个重要组成部分。尽管企业进行搜索引擎优化会花费大量的时间和精力，但效果持久，有助于有效地节省企业预算。

2. 付费搜索结果

付费搜索结果是指企业通过付费的方式使推广信息在搜索结果中排名靠前。当用户搜索关键词时，这些付费的搜索结果就会出现在搜索结果页面中。这种方法可以迅速吸引访问者，尽管效果很好，但它需要大量的预算来支持。如图 7－3 所示，上方带有“Sponsored Advertising”字样的就是付费搜索结果。

由于 Google 在全球搜索引擎市场的绝对领先地位，Google AdWords（关键词广告）成为众多企业进行搜索引擎营销时的首选，这使得 Google 成为全球广告营收最高的互联网公司（见图 7－4）。

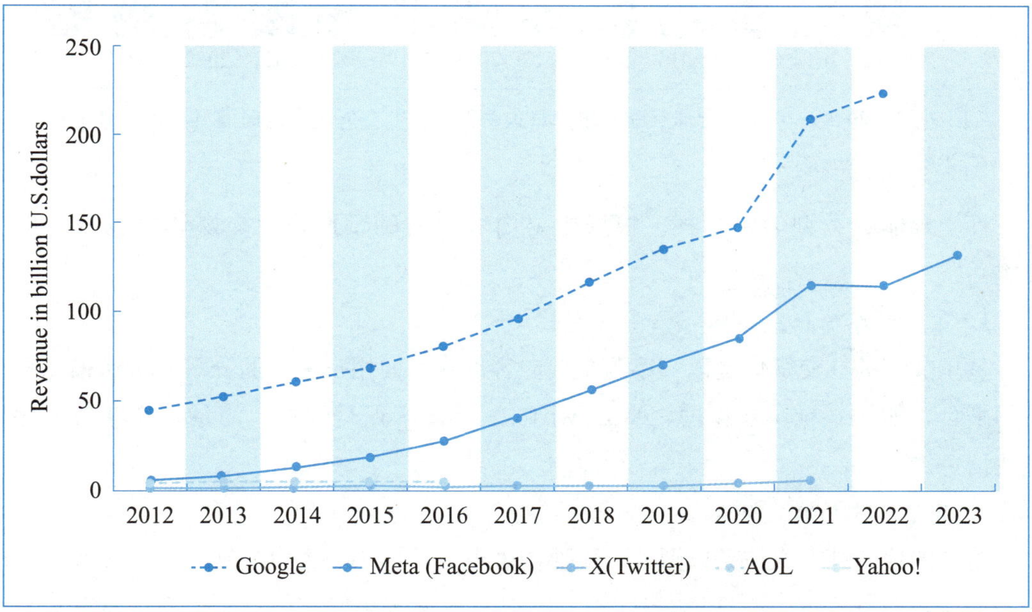

图 7－4 2012—2023 年互联网企业的数字广告总收入排名（单位：10 亿美元）

资料来源：Statista 官网.

三、社交媒体与社交媒体营销

（一）社交媒体

社交媒体（Social Media）是指互联网上基于用户关系的内容生产与交换平台，允许人们撰写、分享、评价、讨论、沟通，是彼此分享意见、见解、经验和观点的工具和平台。社交媒体的发展和普及极大地改变了人们的交流方式，成为现代人生活中不可或缺的一部分。根据 Statista 全球统计数据库的数据，近年来全球范围内的互联网用户平均每人每天花在社交媒体上的时间超过了 2 小时（见图 7-5）。

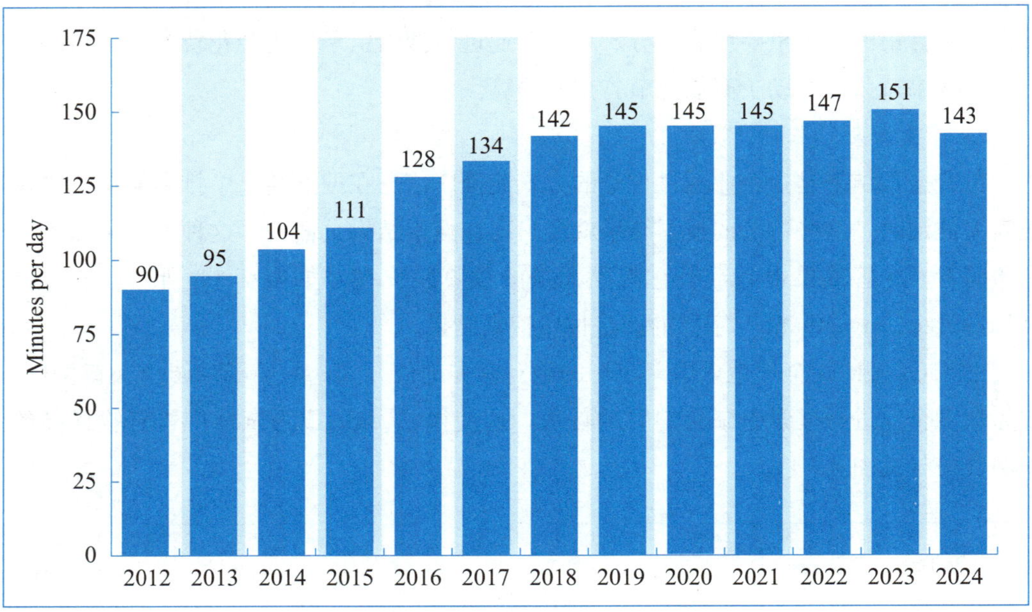

图 7-5　2012—2024 年全球互联网用户每人每天花在社交网络上的时间（单位：分钟）

资料来源：Statista 官网.

社交媒体的类型多种多样。根据主要内容形式的不同，社交媒体可以分为以下几类：

1. 基于文字的社交媒体

基于文字的社交媒体是以文字为主要内容形式，向用户提供的分享、传递信息和交流的平台，如 Facebook、微博、X（Twitter）等，特点是快速、简洁，能够最大化地表达信息。

2. 基于图片的社交媒体

基于图片的社交媒体是以图片为主要内容形式，向用户提供的展示、收集和分享图像的平台，如 Instagram、Pinterest 等，特点是视觉效果好、信息呈现简单直观、易于理解。

3. 基于视频的社交媒体

基于视频的社交媒体是以视频为主要内容形式，向用户提供的展示、收集和分享有关视频内容的平台，如 YouTube、TikTok、抖音等，特点是更加直观生动、具有表现力，能够吸引不同类型的受众。

4. 基于音频的社交媒体

基于音频的社交媒体是以音频为主要内容形式，向用户提供的交流、分享、评论音频内容的平台，如 Podcast 等，特点是用户可以更加便捷地收听丰富的音频资源。

（二）社交媒体营销

社交媒体营销是一种通过社交媒体平台传播信息、建立品牌形象和吸引客户的营销方式。它利用在社交媒体平台上生成的内容和用户之间的互动来吸引潜在客户和保持现有客户的兴趣。

社交媒体营销的目标是提高品牌知名度、扩大客户群体、促进销售和加强客户关系。它的优点是成本低廉、覆盖面广、效果可量化，能够实现与客户之间的实时互动，并提供更好的客户服务。

企业可以采用多种形式进行社交媒体营销。例如，企业可以在社交媒体平台上发布有关公司、产品或服务的信息，与潜在客户互动，组织社交媒体活动，以及通过社交媒体平台提供客户服务等。与传统媒体营销相比，社交媒体营销具有以下特征：

（1）互动性。社交媒体平台不仅可以发布信息，还可以与潜在客户进行实时互动。这种互动形式可以促进客户与品牌之间的关系，增强客户的忠诚度。

（2）实时性。社交媒体平台提供的即时消息功能，可以让企业与客户实时交流，有助于企业及时解决客户的问题。这种实时交流可以促进客户对品牌的信任，提升客户的满意度。

（3）可量化。社交媒体平台可以提供精确的数据分析，帮助企业了解客户的兴趣、需求和行为模式，以便企业进行更精确的营销决策。

（4）多样性。社交媒体平台提供了多种营销形式，如图片、视频、直播、微博等，企业可以根据自己的需要选择适合的营销方式，以吸引更多的潜在客户。

（5）分享性。社交媒体平台上的内容可以被用户分享，这样就能扩大企业的品牌知名度和影响力。当用户分享企业的内容时，相当于为企业免费宣传，进一步提升了企业的品牌形象。

（三）全球主流社交媒体

1. Facebook

根据 Statista 的数据，Facebook（脸书）是全球最大的社交网站，以超 30 亿的月活跃用户数居全球第一（见图 7-6）。这意味着全球约 37%的人口是 Facebook 用户。Facebook 的即时通讯衍生应用程序 Facebook Messenger 拥有超 10 亿月活跃用户。

用户可以在 Facebook 上分享文字、图片、视频、直播等内容，与朋友、家人和兴趣小组保持联系。同时，Facebook 也提供了广告、市场营销和开发者平台等服务。Facebook 在北美、欧洲地区和一些新兴地区的用户基数庞大。

（1）优势。

1）用户基数庞大：Facebook 覆盖全球多个国家及地区，有利于品牌进行大规模营销。

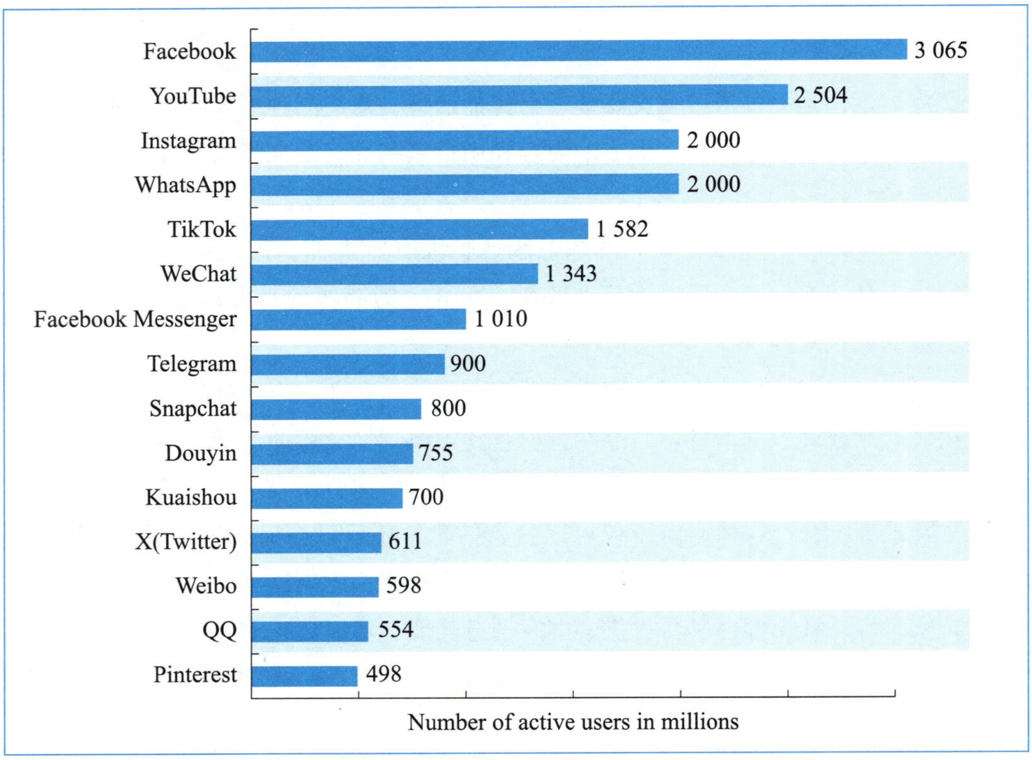

图 7－6　截至 2024 年 4 月全球社交媒体月活跃用户数（单位：百万）

资料来源：Statista 官网.

2）广告投放功能强大：Facebook 可以根据地理位置、兴趣、年龄等进行精准定向投放。

3）社交电商功能：通过 Facebook Shops 等功能，用户可以直接在平台上完成购买流程。

（2）限制。

1）广告成本较高：竞争激烈，需要投入较多的广告费用。

2）隐私政策严格：Facebook 对用户数据和隐私的保护较为严格，品牌方需要遵守相关规定。

2. YouTube

YouTube（优兔）是全球最大的视频分享平台，用户可以观看、上传、分享和评论各种类型的视频内容，包括教育、娱乐、新闻、音乐等。YouTube 也是许多品牌的推广渠道。YouTube 在全球范围内广泛流行，尤其在印度、美国、巴西和印度尼西亚等国家用户众多。

（1）优势。

1）视频内容丰富：YouTube 适合推广各种类型的产品，从高客单价产品到教育类内容均可通过长视频形式进行展示。

2）广告分成机制成熟：YouTube 具有非常成熟的广告分成机制，能够为品牌方带来稳定的收益。

3）SEO优势：由于隶属于谷歌公司，优质的YouTube视频在搜索引擎中会获得较高的排名。

4）转化率高：70%以上的用户在观看YouTube推广内容后会有购买意愿。

（2）限制。

1）需要高质量的视频内容来吸引用户。

2）视频制作和发布成本较高。

3. Instagram

Instagram（照片墙）是一个以视觉内容为主的社交媒体平台，用户主要通过发布照片和短视频来分享生活点滴和创意作品。Instagram引入了Reels功能，让用户能够制作和分享短视频。Instagram在全球范围内使用广泛，特别是在年轻用户群体中颇受欢迎。

（1）优势。

1）视觉主导：Instagram以高质量的图片和短视频为核心，适合展示品牌形象和产品细节。

2）高互动率：用户参与度高，点赞、评论和分享等行为频繁。

3）网红营销：Instagram拥有大量网红，适合普通品牌进行KOL（Key Opinion Leader）合作。

4）购物功能：Instagram Shopping功能为品牌提供了直接的购买渠道，能够有效提升转化率。

（2）限制。

1）内容竞争激烈，需要高质量和有创意的内容来吸引用户。

2）对账号管理和内容发布有严格要求，违反规定可能导致账号被封禁。

4. WhatsApp

WhatsApp是一款跨平台的即时通信软件，提供文字、语音、视频通话及文件分享功能，以其端到端加密和广泛的用户基础而闻名，是许多国家和地区用户首选的通信工具。WhatsApp在全球范围内使用广泛，尤其在印度、巴西、墨西哥等国家的市场占有率较高。

（1）优势。

1）全球用户基础：WhatsApp拥有超过20亿用户，覆盖全球多个国家和地区。

2）多媒体通信：WhatsApp支持文字、图片、音频、视频等多种消息形式。

3）实时性与便捷性：WhatsApp提供即时通信服务，跨平台兼容，操作简便。

4）安全隐私：WhatsApp采用端到端加密技术，能够保障用户通信内容的隐私安全。

5）低成本：基本通信功能免费，用户仅需支付网络流量费用。

（2）限制。

1）必须使用手机号码才能登录。

2）可以群对话，但是 WhatsApp 的群组人数不能超过 1 024 人。

5. TikTok

TikTok 是抖音集团旗下的短视频社交平台，被称为国际版抖音。用户可以观看和创作 15 秒至几分钟不等的短视频，内容涵盖音乐、舞蹈、才艺展示、日常生活等多个领域。TikTok 通过算法推荐机制为用户推送个性化内容。TikTok 在全球范围内，尤其在年轻用户群体中非常受欢迎。

（1）优势。

1）高参与度和病毒式传播效应：TikTok 的算法能够使新视频获得大量观看，即使是零粉丝账号的优质内容也可以通过算法获得曝光。

2）年轻用户群体：TikTok 的主要用户群体为 Z 世代，特别适合面向年轻人的品牌和商品。

3）低成本、高回报：相比其他平台，TikTok 的营销成本较低，但流量巨大且容易获得较高的展现量。

4）创意工具丰富：TikTok 提供了丰富的创意工具如滤镜、贴纸等，可以帮助品牌方创造有趣的用户体验。

（2）限制。

1）需要持续产出高质量短视频来吸引用户关注。

2）政策和算法变化较快，需要密切关注并调整策略。

6. WeChat

WeChat 是中国最大的综合性即时通信软件，除了基本的聊天功能外，还提供朋友圈分享、公众号订阅、移动支付（微信支付）、小程序、游戏中心等多种服务。WeChat 在中国及海外华人社区有极高的普及率。WeChat 几乎覆盖了所有年龄段和社会阶层的用户。

（1）优势。

1）社交功能全面且深度集成：微信不仅提供文字、语音、视频通话等多样化的沟通方式，还通过朋友圈、公众号、小程序等功能深度整合了社交元素。

2）支付功能便捷且安全：微信支付采用多重加密技术和风控系统，确保交易过程的安全性和用户资金的安全。

3）用户基数庞大且活跃度高：微信拥有庞大的用户群体，几乎覆盖了中国所有智能手机用户。

4）隐私保护机制完善：微信在隐私保护方面做得相对较好，用户可以根据自己的需求设置隐私权限。

5）小程序生态系统丰富多样：微信小程序为用户提供了丰富多样的服务体验，包括购物、餐饮、出行、教育等多个领域。

（2）限制。

WeChat 覆盖海外市场有限，在海外的主要用户群体为海外留学生及华人。

行业洞察

TikTok 2024 营销趋势解读（节选）

传统电商平台的逻辑主要是基于用户主动搜索下的“关键词匹配”和“商品属性”的筛选。这种逻辑简单明了，能够快速反馈结果，但对应的商品展示方式，更多的是依靠排名或广告流量，才能将商品展示到用户面前，缺乏个性化的推荐，对用户搜索意图的理解也不够深入。

事实上，无论是在社交平台还是在电商平台，用户都拥有很大的好奇心，卖家需要激发出用户潜在的意识、认知和价值观，以挖掘出更大的潜在需求和购买能力。

有了平台对于用户好奇心的深度激发和加持，卖家需要做的是在此基础上，摆脱制作浅显的滚动式广告的传统理念，创作出更具吸引力，更能引发消费者共鸣并塑造其价值观的真实的、优质的内容作品。

深入 TikTok 社群，激发用户的好奇心

TikTok 天然的社区氛围让内容本身能够被自发地讨论，构建出一个真实的讨论场景，这种讨论带来的影响力不是广告式的灌输，而是或有趣、或专业的，能够被用户广泛认可的内容。用户在这些参与度极高的社群中共享新的小众兴趣和爱好，不断地产生意想不到的灵感，并带动消费。

譬如在 TikTok 上经久不衰的热门话题——#newfinds 和 #TikTokTaughtMe，用户自发自愿地在社群中活跃和被影响，并从中挖掘此前未曾发觉的产品需求，在购物、游戏以及影视剧等多方面“开荒种草”，这也相应的给好商品、好品牌带来了更多的商业机会。

打破地理边界，展示世界各地的日常生活、文化和价值内容

面对差异化的海外市场，地域差异或文化差异一直是出海品牌营销中的一大痛点。以品牌进入东南亚市场为例，虽然从地理上，新加坡、马来西亚、越南同属于东南亚地区，但各国经济发展水平、生活习惯、文化价值观念、政策，以及相应的营销环境都大为不同。出海商品和品牌需要重点突出与目标国家市场相匹配的文化观念与价值理念，在拉近与粉丝之间的距离的同时，与 TikTok 上更多元的群体产生共鸣。

在充分激发用户的创造性和好奇心并帮助商家产生销售方面，TikTok 也提供了相应的广告解决方案。跨境电商卖家可以通过搜索广告来吸引高意向的用户，同时通过视频购物广告（Video Shopping Ads，VSA）和 TikTok Shop 实现从种草到拔草的无缝购物体验，从而提升转化率。

资料来源：亿邦动力. TikTok 2024 营销趋势解读 [EB/OL]. (2023-12-29) [2024-12-25]. 亿邦动力平台.

实训练习

请利用互联网，完成关于全球社交媒体使用情况概览的调研报告。具体要求如下：

调研目标：

简要了解全球范围内社交媒体的主要使用情况，包括用户规模、活跃平台及趋势。

调研内容：

主要国家及地区社交媒体用户规模概况；

各个国家及地区最受欢迎的社交媒体平台；

社交媒体使用趋势（如增长速度、新功能等）。

调研方法：

利用互联网，查阅现有的研究报告与数据，汇总各家机构发布的统计数据。

预期成果：

一份简短的全球社交媒体使用情况概览报告，要求图文结合，包括用户规模、热门平台及趋势要点。

注意事项：

确保引用的数据来源可靠且具有代表性；

重点关注近期的数据，反映当前情况。

单元二 站内营销

一、阿里巴巴国际站的主要营销手段

（一）RFQ

微课

站内营销——RFQ

RFQ（Request for Quotation），即采购直达，是指买家主动填写采购信息并委托阿里巴巴平台寻找合适的卖家，供应商可查看采购需求，根据买家需求及时报价。国际站只限 10 个供应商给一条 RFQ 报价，满额后就会关闭报价窗口（见图 7-7）。RFQ 和询盘的区别在于：在 RFQ 情况下，报名供应商要经过阿里巴巴国际站的人工审核，达到要求后，阿里巴巴国际站才会将供应商信息发给买家，同时将买家的联系方式发送给供应商；若人工审核不通过，供应商是无法知道买家信息的。在一段时间内，供应商报价通过率达到要求后，会升级到报价直达，即该供应商无须经过平台审核。

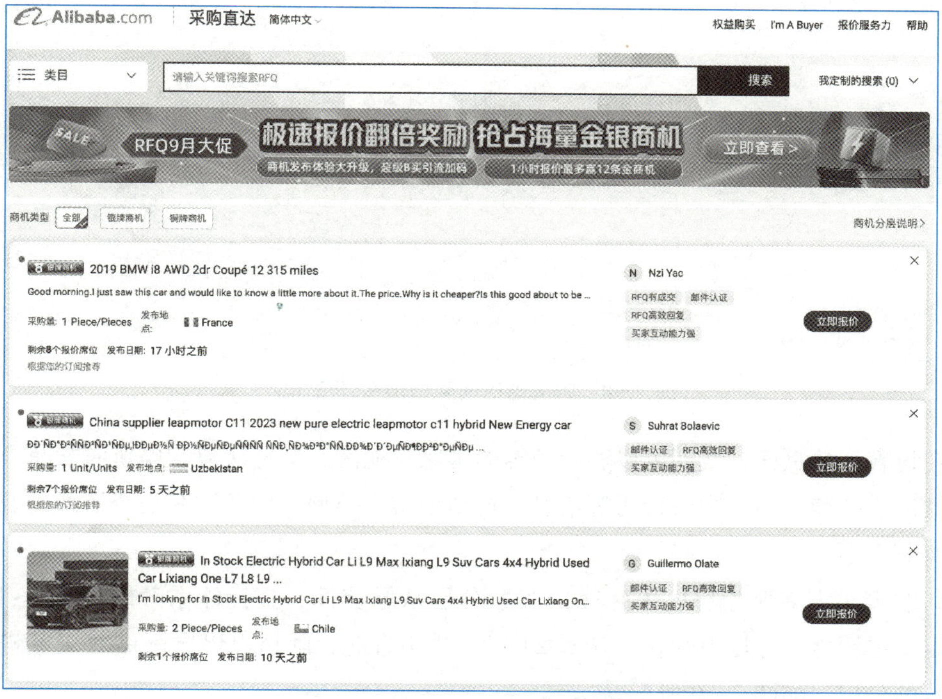

图 7-7　国际站采购直达示例

RFQ 是很多阿里巴巴国际站供应商容易忽视的营销手段。RFQ 一方面节省了买家的时间和沟通成本，缩短了买家了解供应商的周期；另一方面方便了供应商，能更快地促成交易。需要注意的是，由于 RFQ 每次只有 10 个名额，因此抢占先机者才能获得机会。为了防止恶性竞争，阿里巴巴国际站会对报价进行严格审核，所以供应商应确保所报产品与买家要求是契合的，否则会影响以后的报价资格。

供应商不应盲目地以最低价格甚至赔本价报价，而应该根据客户的需求特点进行报价。一方面，由于有些发达国家的客户重视质量高过重视价格，因此供应商在报价时更应突出产品的质量优势和售后服务。另一方面，对于盲目追求最低价格的客户，报出亏本的价格势必无法保证产品质量，一味压价也会破坏整个行业市场秩序。

（二）访客营销

除了 RFQ，访客营销也是在阿里巴巴国际站上开发新客户的一个重要途径。访客营销可以看成主动出击，让访客不再成为过客，而是变成真正的客户。访客营销让供应商有机会主动出击，服务买家，留住买家。

通过 My Alibaba 进入卖家后台，进入“数据管家”—“访客详情”页面，如图 7-8 所示，我们可以按 1 天、7 天选择不同的时间段查看访客详情。

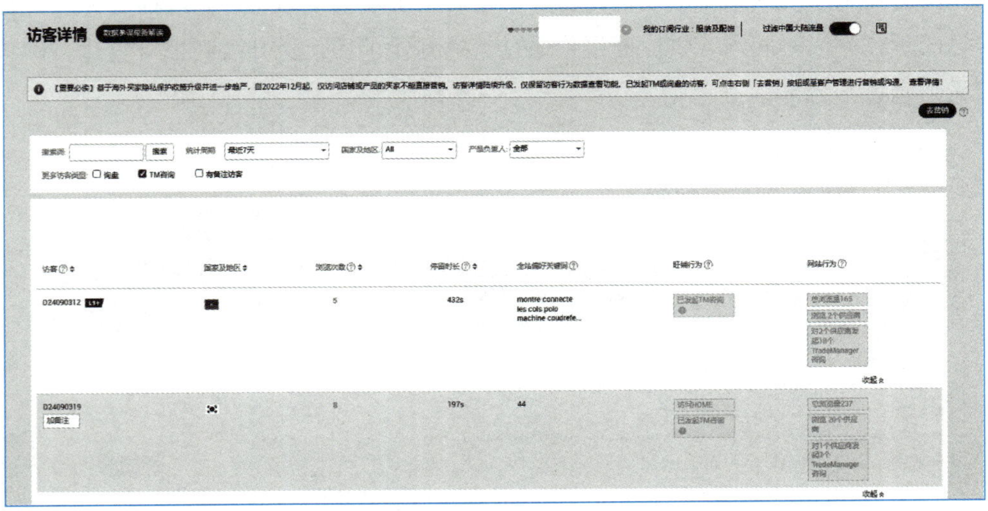

图 7-8　阿里巴巴国际站访客详情示例

在访客详情页面，我们可以看到访客的国家及地区、浏览次数、停留时长、全站偏好关键词、旺铺行为、网站行为等信息，再结合访客类型，判断访客是否活跃以及访客的真实需求等。

2022 年 8 月，阿里巴巴国际站的买家分层从原蓝标、金标体系升级为 L0～L4 体系，定义更清楚、分层更细化。从 2024 年 7 月 1 日起，阿里巴巴国际站对买家进行了更细致的分层，如图 7-9 所示。

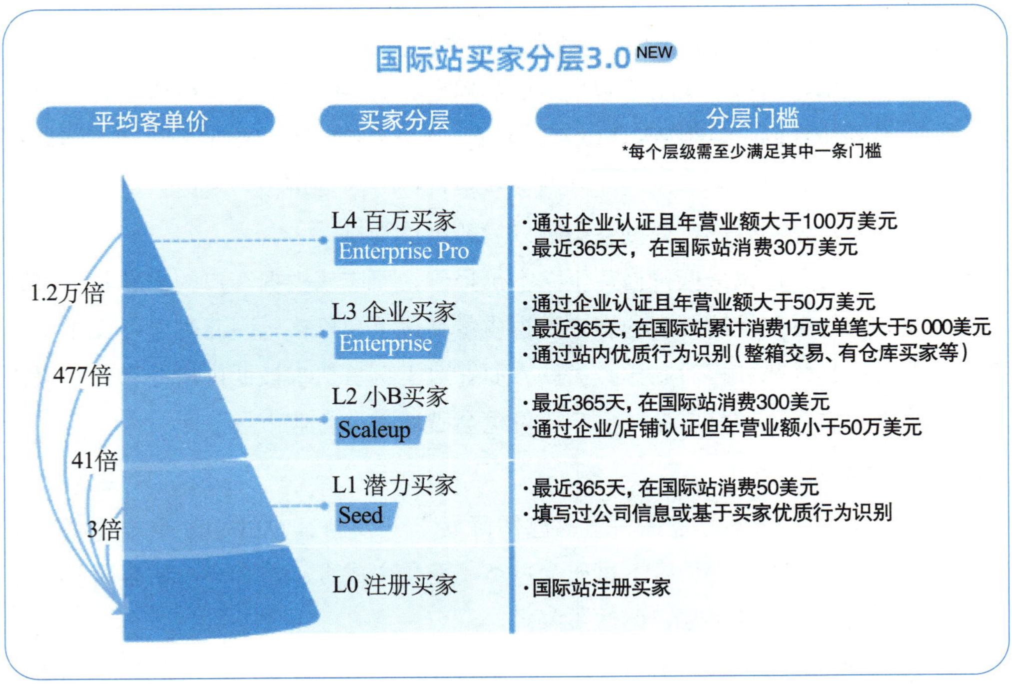

图 7-9　阿里巴巴国际站买家分层与分层定义

在沟通界面、RFQ 界面、访客详情、客户列表、订单、全站推询盘明细等位置，商家可以看到买家的身份标识。根据商家身份的不同，商家看到的买家身份展示，如图 7－10 所示。

商家范围	L1买家	L2买家	L3买家	L4买家
国际站服务中商家	L1+	L1+	L1+	L1+
一星及以上金品商家	L1	L2	L3	L4

图 7－10　买家身份展示

一星及以上金品服务中商家，可直接识别 L1、L2、L3、L4 全部层级买家身份。商家可以根据不同层级的买家制定差异化的营销策略。

为了保证及时性、有效性，同时给予客户更好的体验感，卖家最好在 48 小时内给客户发送营销邮件。

（三）橱窗产品

橱窗产品展示位是阿里巴巴国际站的推广资源之一。橱窗就像实体商店的玻璃展示窗口或展示区域。卖家可以将自己的主打产品设置成橱窗产品，在旺铺首页进行展示。橱窗产品的曝光率会比一般产品高。

一般而言，“出口通”付费会员自带 2 组共 10 个橱窗，而“金品诚企”会员自带 8 组共 40 个橱窗。如果觉得橱窗数量不够，卖家可以另外购买。因为橱窗产品在阿里巴巴国际站自然搜索结果中享有排名优先的地位，所以卖家一定要仔细选取橱窗产品。一方面，卖家可以选择一些热门的搜索词放在橱窗产品上，因为越是热门的产品，潜在搜索的用户越多，使用橱窗产品来竞争热门产品的排名效果就会越好。另一方面，卖家可以查看自己收到的询盘，将询盘最多的产品放到橱窗上。

（四）顶级展位

顶级展位是阿里巴巴国际站提供的付费推广资源位，卖家可购买抢占某个搜索词的结果展示区的第一位，以提升产品曝光和店铺流量。顶级展位示例如图 7－11 所示，在搜索结果第一页的第一位，并带有专属皇冠标志和“Top sponsored listing”的字样。

顶级展位的产品信息锁定在第一位，有助于卖家在众多的竞争对手中脱颖而出。同时，每个关键词仅开放一个位置。绝大部分海外买家会首先聚焦位于搜索页面第一位的产品，这就为投放顶级展位产品的卖家提供了先机。顶级展位的关键词是以竞价的方式推出的，通常是价高者得，越热门的关键词往往价格越高，因此卖家在进行顶级展位竞价时需要结合自己的实际情况充分考虑。

微课

站内营销——外贸直通车

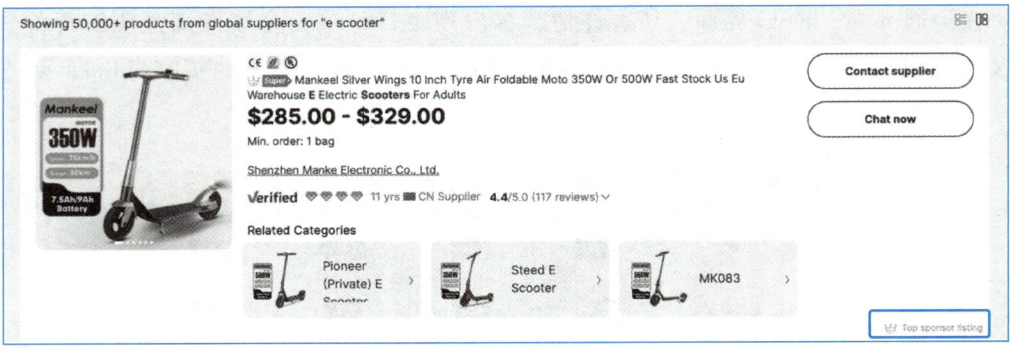

图 7-11　顶级展位示例

（五）外贸直通车

外贸直通车也被称为 P4P（Pay For Performance），是阿里巴巴会员企业通过自助设置多维度关键词，免费展示产品信息，并通过大量曝光产品来吸引潜在买家，按照点击付费的网络推广方式。卖家进入“卖家后台”—“营销中心”，就能看到外贸直通车，如图 7-12 所示。

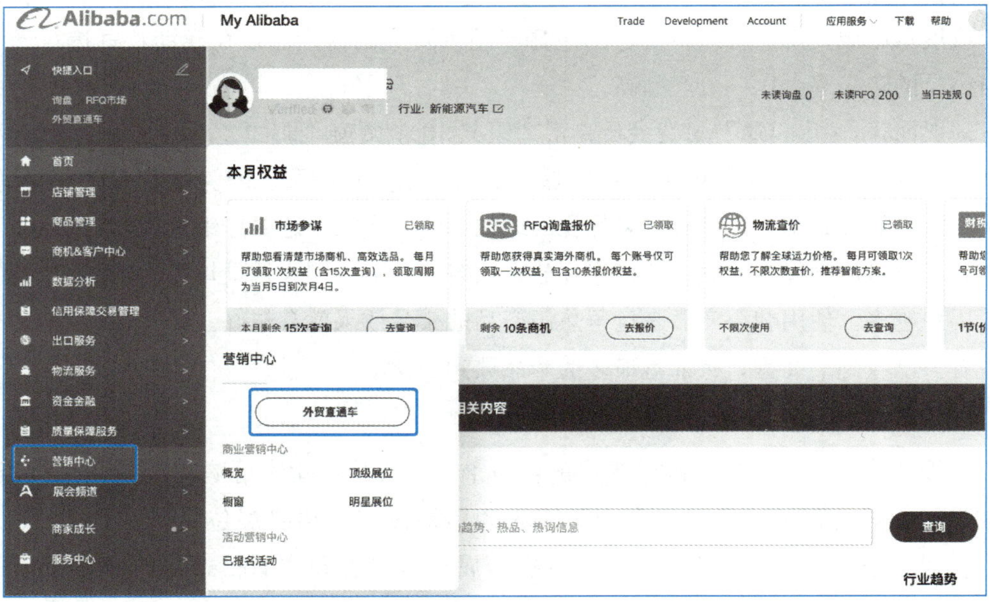

图 7-12　外贸直通车示例

微课

外贸直通车的基本规则

目前，外贸直通车有多个服务种类，每个营销推广方案独立预算、侧重点不同，卖家可以根据自己的需求有针对性地进行选择。整体来说，直通车广告可以按照推广方式分为搜索广告和推荐广告，如图 7-13 所示。

搜索广告是指当买家在搜索框搜索关键词时，产品直接展示在搜索结果页的推荐方式，包括常规营销、货品营销、推荐推广等类别。

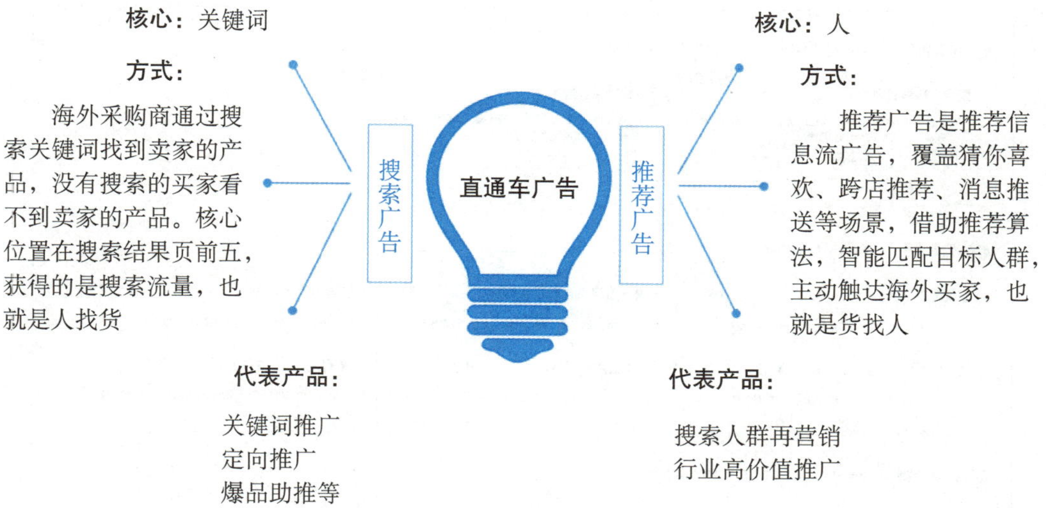

图 7-13　外贸直通车服务种类示例

常规营销提供关键词、定向基础营销能力，包括定向推广、快速引流、关键词推广等方式，是当前卖家使用较多的方法。货品营销则基于“商品”视角，依据商品的生命周期，帮助卖家进行测品测款、爆品助推、库存清仓等活动。推荐广告则是一种更为个性化的推广方式，它根据用户的浏览历史和行为数据，向用户推荐相关的产品或服务。

二、关键词广告

微课

站内营销——关键词广告

关键词广告是指当用户利用某一关键词进行检索时，在检索结果页面会出现与该关键词相关的广告内容。关键词广告是搜索引擎服务商的主要盈利模式，也是电商企业常用的搜索引擎营销方式，如Google AdWords。商家通过购买关键词，可以使广告呈现在用户搜索结果页面的醒目位置。

关键词广告或者关键词竞价排名除了用于搜索引擎外，在各个电商平台都有类似的应用，如淘宝网的淘宝直通车、京东商城的京东快车等。大多数的跨境电商平台也都推出了规则类似的付费推广方式，除了阿里巴巴国际站外贸直通车的关键词推广（见图 7-14）外，还有 Wish 平台的 Product Boost、亚马逊的付费推广 Sponsored Product、敦煌网的定向推广、全球速卖通的速卖通直通车等。这些平台的营销产品在排名计算、广告位分布和具体操作流程等细节上有所差异，但是在基本规则方面大同小异。平台上的商家为特定的关键词出价，平台根据各自的算法为这些商家排序并分配相应的广告位，如果买家点击这些广告位上的商品，商家就要向平台支付相应的营销费用。

对于跨境电商运营人员来说，设置关键词广告是一项很重要的日常工作。简单来讲，设置关键词广告的步骤为：在店铺中选择用于推广的产品，为这些产品设置多个关键词，给每个关键词设置出价，根据竞争对手的情况调整出价，关注广告效果并及时做

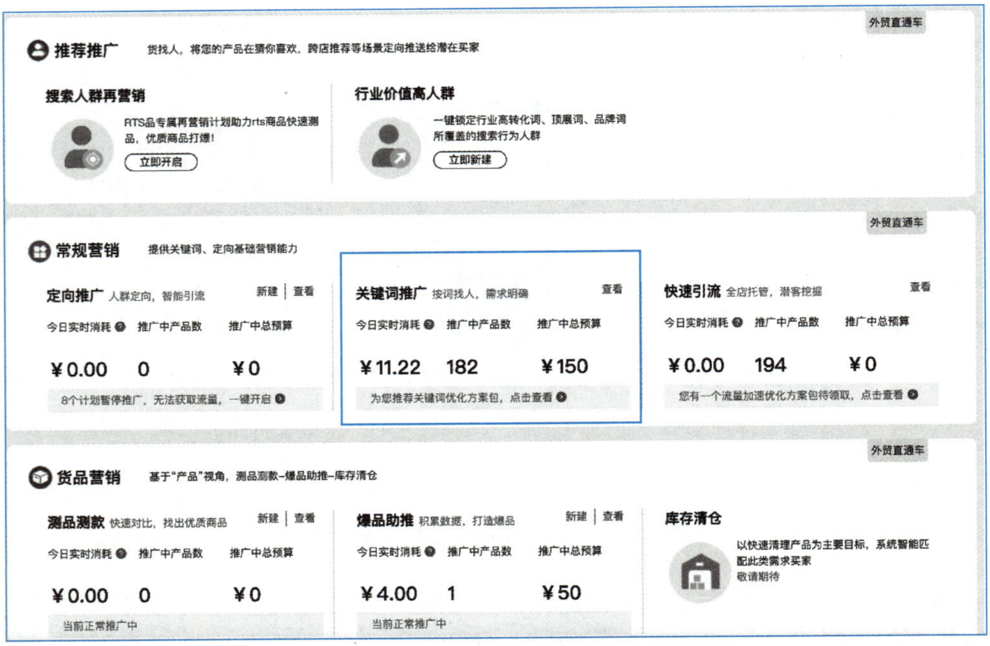

图 7-14 外贸直通车—关键词推广示例

出调整。当然，在实际操作中，情况要复杂得多，如何提高点击率和转化率、如何平衡流量和花费等都是让运营人员非常头疼的事情。

与关键词广告相关的常用指标主要有 CTR、CPC、CR、ROI 等。

CTR（Click through Rate）：点击率＝点击数/浏览数×100%

CPC（Cost per Click）：单次点击出价＝花费/点击数

CR（Conversion Rate）：转化率＝下单数/点击数×100%

ROI（Return on Investment）：广告投入产出比＝广告带来的销售收入/广告花费×100%

行业洞察

510 亿美元，超越 Meta 和谷歌，跨境电商亚马逊成为大型零售广告商

一直以来，Google 和 Meta 作为跨境电商主要的广告购买渠道，其广告能显著提升品牌网站如独立站的流量。

与之形成差异的是，亚马逊上的广告则更直接，更侧重于激发购物者对商品的购买欲望。在消费者决策的初期，Google 和 Meta 上的广告占据营销漏斗的上端；当消费者进入购买准备阶段时，亚马逊的广告则在漏斗的下端发挥作用。这导致了两者在广告定价、目标受众定位以及转化率上的显著差异。

在一些人的观念中，它们甚至被视为属于“推广”和“营销”这两种截然不同的范

畴，但实质上，两者都是品牌为接触消费者而购买的渠道。

在最近 4 个季度，亚马逊的广告销售额达到了 510 亿美元，与 5 年前相比，这一数字增长了 4 倍，增长速度是 Google 广告业务的 2 倍多。

随着亚马逊为广告商提供更加多样化的广告类型以及更加详尽的数据，其广告业务的增长速度超过 GMV（商品交易总额），这标志着亚马逊从单一的商品销售平台向付费广告零售平台的转变。

考虑到亚马逊在美国电子商务市场中占据至少 40%的份额，且其广告业务已处于主导地位，品牌投入在吸引亚马逊购物者上的资金超过了吸引网站流量的投入。当然，这一情况是整体而言的，因为像沃尔玛和 Temu 这样的大型零售广告支出者，并不与亚马逊的高端广告客户属于同一类别。

尽管亚马逊无法取代 Google 在零售广告领域的地位，但 10 年来亚马逊作为广告网络的相对规模不断扩大。随着亚马逊野心的持续扩大，其广告网络的运作已不再局限于对亚马逊平台上购物者意图的“征税”，而是更多地利用购物者数据，在亚马逊平台内外投放广告，实现更广泛的营销目标。

资料来源：佚名. 510 亿美元，超越 Meta 和谷歌，跨境电商亚马逊成为大型零售广告商 [EB/OL].（2024-08-12）[2024-11-22]. 谷仓海外仓.

实训练习

你是某外贸企业的业务员，公司在阿里巴巴国际站运营宠物用品类目。后台数据显示，一位来自美国的访客在 1 天前浏览了宠物牵引绳（Pet Leash）产品页面，但没有留下询盘。你的任务是给这位客户发送一封英文营销邮件，争取引导其发起询价或回复。

要求用英文撰写，语言礼貌、简洁，适合国际商务。

模块练习

一、判断题

1. 在阿里巴巴平台上，P4P 产品排名由关键词出价和推广评分共同决定。（　　）
2. 与普通产品相比，橱窗产品具有排名优先的特权。（　　）
3. 不论是几星的 P4P 产品，只要出价高，就有机会进入主搜区。（　　）
4. 百度是全球最大的搜索引擎公司。（　　）

二、不定项选择题

1. 对跨境电商企业来说，寻找客户的方式有哪几种？（　　）

A. 主动寻找客户，如利用搜索引擎寻找客户

B. 论坛营销

C. 展会

D. 网上营销，让客户主动找到自己，如 B2B 平台

2. 以下哪些网站是比较主流的搜索引擎？（　　）

A. Yandex　　B. Yahoo!　　C. Bing　　D. Google

3. 以下哪些社交媒体是中国跨境电商卖家常用的营销平台？（　　）

A. Weibo　　B. WeChat　　C. Facebook　　D. YouTube

4. 在阿里巴巴国际站上，产品的搜索排名分为哪几种？（　　）

A. P4P 排名　　B. 自然排名　　C. 橱窗排名　　D. 顶级展位

5. 在阿里巴巴国际站上，卖家常用的站内营销方式有哪些？（　　）

A. 访客营销　　B. 采购直达　　C. 外贸直通车　　D. 顶级展位

知识拓展

阿里巴巴国际站广告政策

一、概述

为保障用户体验及广告投放的合规性，阿里巴巴国际站制定了以下广告政策。以下广告政策适用于在阿里巴巴国际站投放的所有广告。

作为阿里巴巴国际站的广告主，您有责任确保您和您的广告符合所投放国家或地区所有适用的法律法规和行业规则，以及阿里巴巴国际站广告政策。阿里巴巴国际站广告政策不能作为法律建议，如果您对广告方面的法律法规有疑问，建议您咨询法律顾问。

阿里巴巴国际站将对以下广告政策进行不定期更新，请您对阿里巴巴国际站广告政策保持密切关注，确保您始终了解阿里巴巴国际站的最新广告政策。

二、基本原则

广告商应确保所投放的广告可以被清晰地识别为广告。

广告商应确保所投放的广告不得实质上误导或欺骗用户，也不得包含任何有可能会对用户造成误导或欺骗的内容。

广告商应确保所投放广告不包含任何可能造成严重或广泛冒犯的内容，尤其是关于种族、国籍、年龄、残疾、性生活、性取向、性别、婚姻和民事伴侣关系、怀孕、宗教、信仰。

广告商应确保所投放的广告不得侵犯任何第三方个人或实体的知识产权、隐私权、肖像权或其他法律权利。

三、禁限售商品

（一）禁投商品

阿里巴巴国际站不允许推广任何与禁售商品相关的广告，包括但不限于商品、广告关键词、广告创意中的文字和图片内容。阿里巴巴国际站详细的禁售规则详见平台规则—禁限售规则、阿里巴巴国际站禁限售商品目录、阿里巴巴国际站禁限售规则。

（二）限投商品

对于阿里巴巴国际站限售的商品，广告主在进行广告投放时应当满足阿里巴巴国际站限售规则，并且只能在非限制国家或符合限售要求的国家进行投放，并应确保其投放的广告符合所有适用规则，包括但不限于每个投放国家或地区的法律法规和行业规则。阿里巴巴国际站详细的限售规则请见平台规则—禁限售规则、阿里巴巴国际站禁限售商品目录、阿里巴巴国际站禁限售规则。

四、禁投内容

阿里巴巴国际站不允许任何广告（包括但不限于标的商品、广告关键词、广告文字和图片内容）中包含以下任何禁投内容：

（一）儿童/青少年相关内容

（1）禁止显示任何可能导致儿童/青少年身体、心理或道德上受到伤害的内容。

（2）禁止任何儿童色情或暴露的内容。

（二）可能对用户造成身体/精神伤害的内容

（1）禁止描绘受虐待的人或动物，或使用负面语言描述人或动物。

（2）禁止显示中伤、诽谤、非法或侵犯他人隐私的内容。

（3）禁止显示威胁、辱骂或骚扰性内容，以及歧视受保护群体的内容（无论是基于种族、肤色、国籍、宗教、残疾、性别、性取向、年龄还是其他类别）。

（三）酒类、美化饮酒/药物或其他不良嗜好

（1）禁止酒类广告。

（2）禁止鼓励、美化或描绘药物滥用、过度饮酒或其他不良嗜好的内容。

（四）欺骗性、虚假性或误导性内容

禁止任何欺骗性、虚假性或误导性的内容，包括但不限于误导性标题、文字或图片。

（五）暴力/裸露/两性内容

（1）禁止暴力或血腥内容。

（2）禁止使用粗俗语言或亵渎性语言。

（3）禁止裸露私密部位。

（4）禁止色情或露骨的内容。

（六）有争议的内容

（1）禁止煽动或鼓吹暴力或种族不相容的言论。

（2）禁止有争议的社会话题。

（3）禁止政治内容，包括但不限于直接或间接宣传或反对政治候选人、公职人员、政党的内容。

（七）阿里巴巴集团品牌元素

（1）禁止模仿阿里巴巴集团品牌元素。

（2）未经事先授权，禁止使用阿里巴巴集团的名称、标识或其他品牌元素。

五、限投内容

一些广告内容可能仅允许在某些国家或地区投放。一些广告内容可能会受到所投放国家或地区的法律法规或行业规则的限制或禁止。

阿里巴巴国际站广告商有责任确保其投放的广告遵守所有适用规则，包括但不限于每个投放国家或地区的法律法规和行业规则，及以下限投政策：

（一）有营养/保健效果的食品/膳食添加剂

（1）应确保有营养/保健效果的食品/膳食添加剂的广告词准确、真实、已被证实、不含夸张或误导成分，并以适合目标群众的方式呈现，且符合当地适用的全部法律法规。

（2）所有关于营养或保健的效果都必须有科学依据。

（3）不得宣称营养/保健品可以治疗、治愈某种疾病或降低疾病风险。

（二）婴幼儿奶粉

（1）禁止投放12个月以下婴儿奶粉广告。

（2）12个月以上的幼儿奶粉广告不得以任何形式明示或暗示该奶粉等同于或优于母乳。

（三）促销活动

（1）促销活动不得包含任何赌博成分。

（2）广告商应采取一切合理措施，确保促销商品是安全的，不会对用户或用户的财产造成任何伤害。

（3）广告商应合理预估是否能履行所有促销订单，如果不能，则必须提供清晰、及时且充足的促销信息，以便用户决定是否参与促销活动。

1）如果广告商已经合理预估了可能收到的促销订单数量，但由于促销订单数量超出预估量太多，导致广告商无法完成所有促销订单，广告商应当及时向用户说明情况，并提供退款或合理替代商品。

2）如果促销商品数量有限，广告商不能把采购其他商品作为参与促销活动的前提条件，除非在促销的各个阶段，用户都对促销商品数量限制有充分了解，以便用户能准确地做出是否参与促销活动的判断。

（4）任何和促销活动相关的广告，都必须包含充分清晰的，如果遗漏则可能造成误导的信息，例如：

1）怎么促销，例如参与条件、参与费用等；

2）开始日期（如有）；

3）结束日期（如有）；

4）奖品或礼物的数量和性质（如有）；

5）参与限制，例如地域限制、年龄限制、网络限制、技术限制（如有）；

6）广告商的全称与地址。

（四）医疗器械和美容产品

1. 禁止误导性广告

禁止使用任何可能导致用户对产品预期用途、安全性和性能产生误导的文字、名称、商标、图片、图形或其他标志，例如：

（1）将该商品不具备的功能和属性赋予该商品；

（2）导致用户对商品不具备的治疗或诊断功能产生错误印象；

（3）未能告知用户与商品的预期用途相关的风险。

2. 效果描述真实准确

（1）广告效果的描述应当清晰准确，并应有相关临床试验等证据支持。

（2）医疗效果的描述必须与医疗机构颁发的许可保持一致（如有）。

（3）广告内容禁止包含任何医疗咨询服务（例如，广告内容不得针对症状直接给出明确的诊断结果和医疗建议）。

（4）对于常见的情况描述，广告不应包含可能让用户无法理解的不常见的专业术语。

（5）广告内容不能仅因为商品是“天然的”，就宣称或暗示其商品是安全的或有效的，也不能因为不包含某种常用成分，就宣称该产品更加安全。

（五）机动车、燃油及配件

机动车、燃油及配件的广告内容不得宽恕或鼓励反社会行为、不安全行为或不负责任的驾驶行为，不得以速度为宣传重点，也不得以可能会鼓励用户违反交通规则的方式宣传驾驶速度。

六、知识产权

阿里巴巴国际站严禁投放任何侵犯第三方个人或实体的知识产权、隐私权或其他法律权利的广告。广告商必须获得所有必要的广告权利和许可。未经个人同意，广告不得包含个人的姓名、肖像、声音或其他可辨识特征。

广告商应严格遵守阿里巴巴国际站知识产权规则和知识产权保护政策。

阿里巴巴国际站保留自行决定删除任何我们怀疑可能侵犯第三方知识产权或其他权利的广告的权利。

如果您认为您的商标或版权被广告商不当使用，请联系该广告商或我们的知识产权保护平台。

七、违规责任

阿里巴巴国际站广告主有责任了解并遵守以上广告政策，以及各国所有适用的法律法规和行业规则。对于违规的广告，一经发现，阿里巴巴国际站有权取消其广告投放。如果您严重或屡次违反广告政策，阿里巴巴国际站可能会对您的广告账户及/或店铺进行处罚。对于需要阿里巴巴国际站事先批准的广告，请联系相应的客户支持团队。

模块八 订单履约与国际贸易风险

学习目标

● 知识目标

1. 了解 B2C 平台订单履约的流程与要求
2. 了解阿里巴巴国际站订单履约的流程与要求
3. 了解阿里巴巴国际站的信用保障订单
4. 了解国际贸易的主要风险

● 技能目标

1. 能够根据资料起草信用保障订单合同
2. 能够分析国际贸易中的常见风险

● 素养目标

1. 培养全球视野
2. 培养对国际贸易行业的职业认同感
3. 增强民族自豪感和自信心
4. 增强风险防范意识

单元一 订单履约

一、跨境电商零售的订单履约

随着跨境电商的不断发展，订单履约的效率和成本成为企业竞争的关键因素之一。跨境电商零售的订单履约是指从消费者下单到商品最终送达消费者手中的整个过程。这个过程主要包括以下几个关键步骤：

（一）订单接收与确认

跨境电商买家接收到消费者的订单后，首先进行订单确认，包括对商品信息、数量、支付状态、收货地址等的核实。

（二）库存核查与拣选

首先，系统根据订单信息核查库存；然后，仓库工作人员根据订单从仓库中拣选商品。

（三）订单打包与发货

工作人员会将拣选出的商品进行打包处理，选择合适的包装材料，并贴上必要的物流标签和清关文件。之后，商品被安排发货，进入国际物流运输环节。

（四）国际物流运输

由于跨境电商订单涉及跨境运输，因此需要通过国际物流渠道将商品运往目的地国家或地区。这一过程可能包括国内到港、国际段运输、出口清关、目的港到仓等多个环节。

（五）目的国（地区）清关与派送

商品达到目的国（地区）后，需要进行进口清关手续。清关完成后，由当地的快递公司或物流公司进行派送，直至将商品送到消费者手中。

（六）售后服务

商品送达后，跨境电商卖家还需提供售后服务，如退换货处理、客户投诉响应等，以保障消费者权益，提升客户满意度。

就订单履约的环节而言，跨境电商零售与国内电商的基本流程相似，都包括订单接收、商品拣选、包装、发货、运输和配送等基本环节，两者最大的差异体现在物流和支付环节。跨境电商零售涉及国际物流和配送，流程更复杂。如果采用海外仓的话，上述流程中的商品拣选和物流配送环节往往由海外仓企业代为完成。此外，跨境电商零售还涉及不同国家或地区的货币和支付方式，需要处理汇率转换、跨境支付手续费等问题，支付和收款环节要比国内电商更复杂。

二、跨境电商 B2B 的订单履约

线下传统外贸模式是指企业通过参加贸易展会、进行商务洽谈、与代理商或经销商合作、实地考察以及设立贸易办事处等方式，以传统的线下方式开展国际贸易活动的模式。这些模式通常依赖于实体的商务活动和面对面的洽谈合作，是外贸行业长期以来的主要经营方式。

以阿里巴巴国际站为代表的跨境电商 B2B 平台一直在努力转型，希望能逐步从信息交流平台升级为在线交易平台。但是到目前为止，很多供应商还是将跨境电商 B2B 平台当作营销推广的一个途径，通过线上平台完成商品展示和交易磋商，然后做 PI 线下付款的订单，之后的订单履约与线下传统外贸模式几乎没有差别，在此就不再赘述了。

以阿里巴巴国际站为例，阿里巴巴一直希望能实现 B2B 业务的在线交易。阿里巴巴国际站通过与阿里巴巴集团旗下的菜鸟网络、蚂蚁金服等紧密协作，能够为用户提供从交易到支付、物流、金融等一站式解决方案，形成闭环服务生态。阿里巴巴国际站提供的信用保障服务，是一种通过对卖家进行评估后给予的担保额度，确保买卖双方在资金、交货期限或商品质量等方面得到保障。当出现问题时，阿里巴巴会按合同约定在额度内为卖家承担责任，给买家提供保障。这种交易模式主要通过信用保障订单来实现。

（一）开通信用保障服务

符合以下条件的会员可以开通和使用信用保障服务，阿里巴巴国际站免费会员也可以免费开通信用保障服务：

（1）公司法人或实际控制人及关联公司无其他不良诚信记录。

（2）网站累计违规扣分≥48 分，则该账号不能开通信用保障服务。

（3）网站严重侵权行为累计被投诉<3 次（若同一公司拥有多个主账号，其中一个账号累计≥3 次，则所有账号都不能开通信用保障服务）。

查看位置：主账号登录 My Alibaba，在页面右上方查看累计违规记录（见图 8－1）。

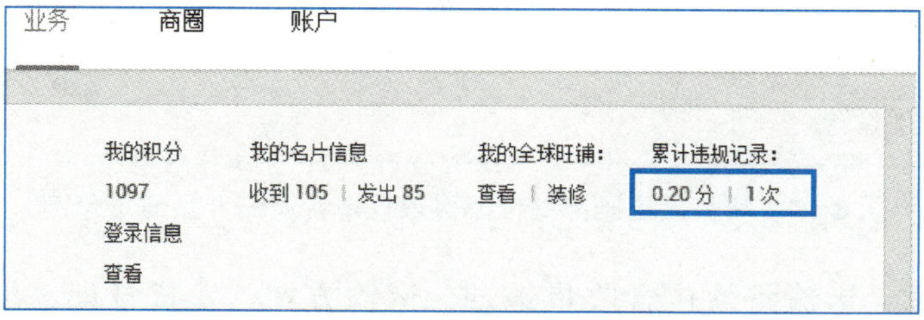

图 8－1 阿里巴巴国际站累计违规记录示例

（4）免费会员需要进行企业四要素验证。

（5）无其他潜在风险。

（二）起草信用保障订单合同

（1）登录 My Alibaba 后台—“信用保障交易管理”—“起草信用保障订单”，选择支付方式（见图 8－2）。

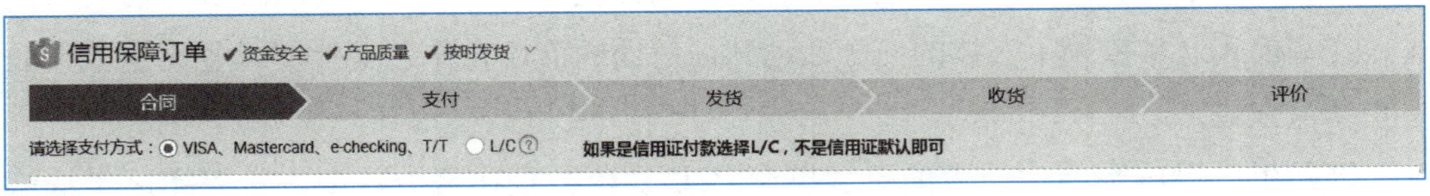

图 8－2 阿里巴巴国际站信用保障订单合同—支付方式示例

（2）填写各部分相关信息（见图 8－3）。（注：页面中打“＊”号的为必填项。）

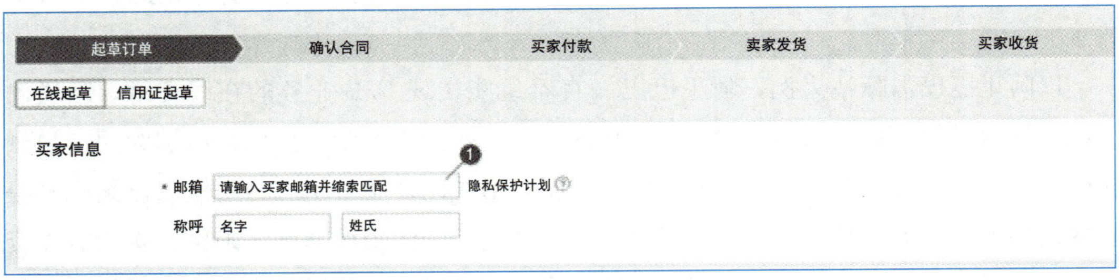

图 8－3 阿里巴巴国际站信用保障订单合同—买家信息示例

1）买家信息：

①买家的邮箱必须是海外买家邮箱；

②订单起草后，买家信息无法修改。

2）产品信息：可以选择添加产品和添加合同两种方式。卖家点击“添加产品”，既可以添加已发布的产品（推荐），也可以添加未发布产品（见图 8－4）。最多上传 5 个附件。

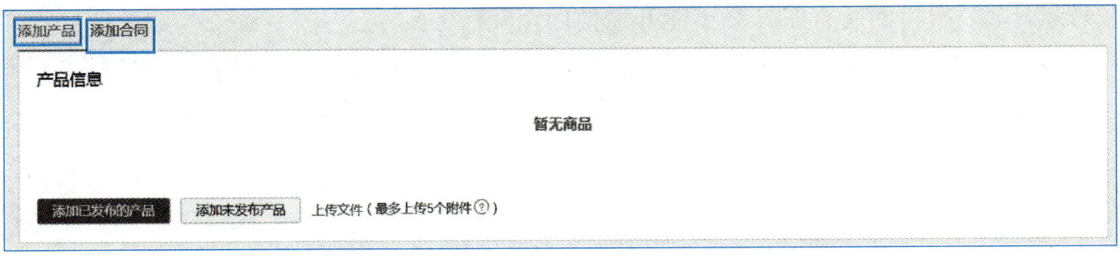

图 8－4 阿里巴巴国际站信用保障订单合同—产品信息示例

3）运输条款：运输条款包含收货地址、运输方式、发货日期、出口方式等内容（见图 8－5）。

①收货地址：卖家与买家确定订单信息时，应提前确定收货地址。如果后期需要修改，预付款到账前，卖家可直接修改；预付款到账后，卖家提请修改，买家确认。

②运输方式：可以选择空运、海运、快递、陆运、邮政大小包五种运输方式，选择

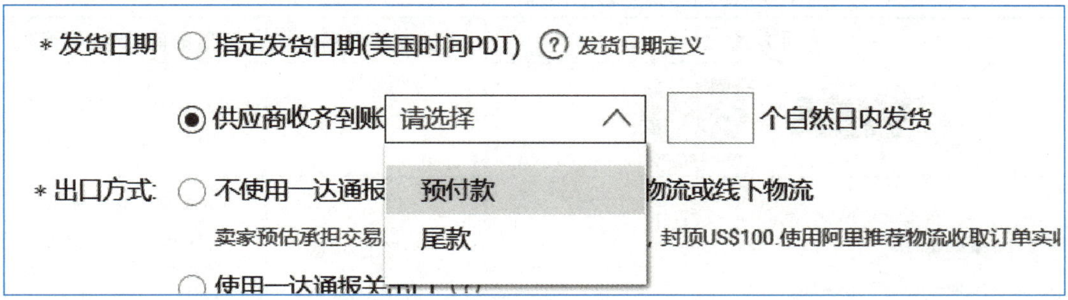

图 8-5　阿里巴巴国际站信用保障订单合同—运输条款示例

后会出现“运费”填写框，填写后会自动计入订单总价中。

③发货日期：可以指定发货日期或选择收齐预付款/尾款后 N 个自然日内发货。注意：填写发货日期时，请将周末和节假日时间加入，且填写确定的日期，请勿使用 about 30－35 这样的字眼，系统会按照最少的日期计算发货日期。

④出口方式：

订单总金额在 5 000 美元以上的，必须选择“使用一达通报关出口”，通过一达通报关出口的，发货需关联一达通委托单；订单总金额在 5 000 美元及以下的信用保障订单，可以自主选择“使用一达通报关出口”或者“不使用一达通报关出口”两种方式（见图 8－6），不使用一达通报关出口的订单可选择阿里巴巴物流平台或第三方物流发货。

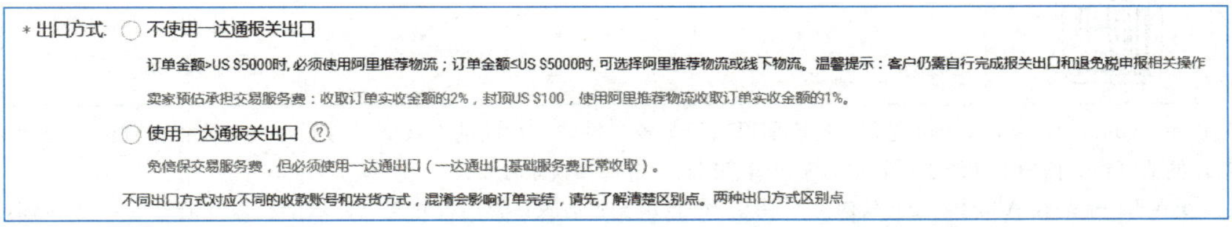

图 8-6　阿里巴巴国际站信用保障订单合同—出口方式示例

对于“不使用一达通报关出口”的订单，卖家无须开通一达通服务。

出口方式一经选定，在付款前只可修改一次，付款后不能再修改。

4）支付条款：预付款必须≥1 美元，起草订单时，统一用美元核算。

5）订单备注：有国际标准的，写国际标准；无国际标准的，可参考行业通用标准。总之，标准越明确越好。

（3）勾选条款后提交订单。

（三）买家支付

阿里巴巴国际站信用保障订单支持的支付方式、对应的支付手续费、到账时间及支付上限如表 8－1 所示。

表 8-1 阿里巴巴国际站信用保障订单支付方式相关事宜梳理

支付方式		支付手续费	到账时间	支付上限
VISA mastercard		2.95%	实时到账 （2 小时内）	12 000 美元
Online Bank Payment (原E-Checking)	ACH	实行阶梯收费 （15～30 美元）	4～5 个 工作日	50 000 美元
	SEPA		9～10 个 工作日	10 000 美元
T/T	本地 TT 账号 美国、澳大利亚、加拿大， 欧洲各国	一般 25 本币左右	≤2 个 工作日	300 000 美元
	新加坡花旗-103 账号 2019 年 8 月后：JP 摩根-101414	不同银行的手续 费不同，一般为 20～80 美元	3～7 个 工作日	不限
	香港花旗-1029 账号 2019 年 8 月后：JP 摩根-101413			
Pay Later	/	无	1～3 个 工作日	/
WU	/	实行阶梯收费	1 个 工作日	2 500 美元
Boleto Bancário	/	1.35%	2～4 个 工作日	3 000 美元

注：Online Bank Payment 是阿里巴巴信用保障服务提供的一种新的在线支付方式，支付流程全程网上进行，操作便捷（类似信用卡在线支付，填写账户信息授权后等待扣款即可）。

Pay Later 是在 Alibaba.com 采购时可用的一种全新支付方式，目前仅对美国区域的买家开放。买家使用 Pay Later 支付时，第三方金融机构将直接垫付资金给卖家。该产品下，买家可获得最长 6 个月的贷款期，卖家可安全快速收款。

（四）卖家发货

（1）若交易订单约定通过一达通出口，需要关联一达通出口订单，系统会以关联的出口订单（最后一笔）通关办理完毕时间作为实际发货时间（见图 8-7）。

（2）若交易订单不通过一达通出口，使用阿里巴巴物流平台的订单不需要上传物流凭证，直接在后台操作关联阿里巴巴物流平台订单即可；如果是线下自行联系的第三方快递公司，那么需要提交物流凭证（见图 8-8）。

（五）卖家提现

卖家可以通过 My Alibaba 后台—“资金管理”—“外汇到账”查询货款的到账情况（子账号没有资金管理功能，只有主账号才能查看资金管理），如图 8-9 所示。

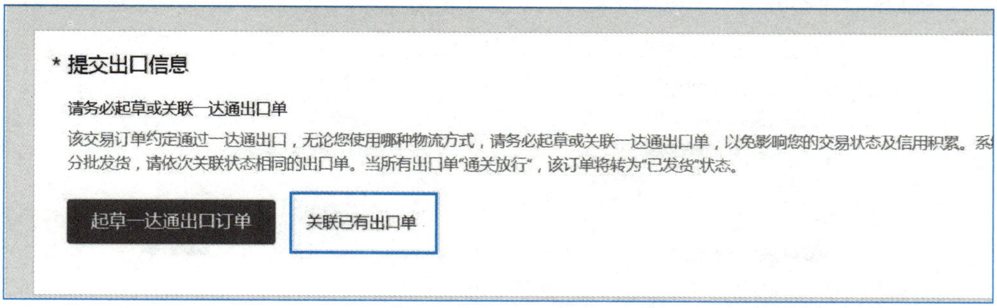

图 8-7 阿里巴巴国际站信用保障订单—提交出口信息示例

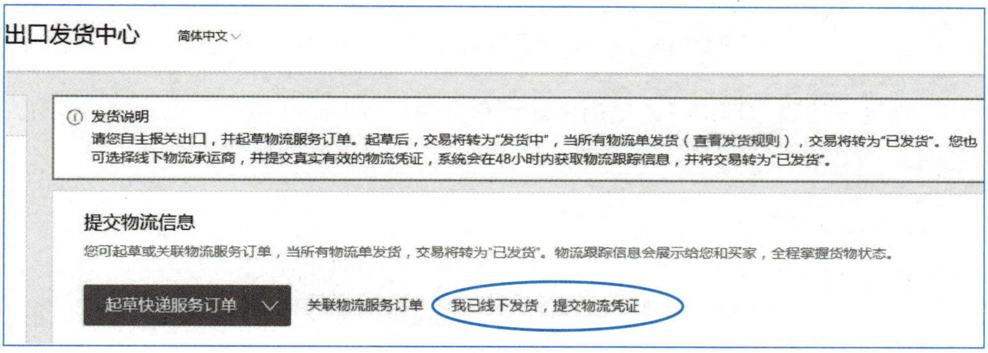

图 8-8 阿里巴巴国际站信用保障订单—提交物流凭证示例

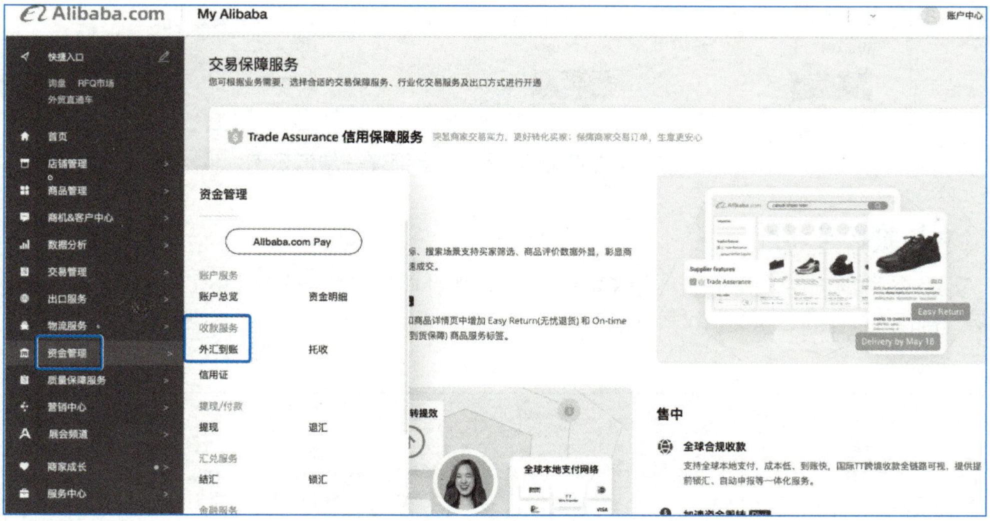

图 8-9 阿里巴巴国际站资金管理—外汇到账示例

信用保障订单在买家款项挂账后在信用保障额度充足的情况下即可操作提现，无须等到买家确认收货。

(1) 目前，非一达通代理出口的信用保障订单支持两种资金提现方式。人民币提现是在美元结汇后将人民币提现至卖家的人民币银行账户；美元提现是将美元提现到卖家的美元银行账户，如图 8－10 所示。

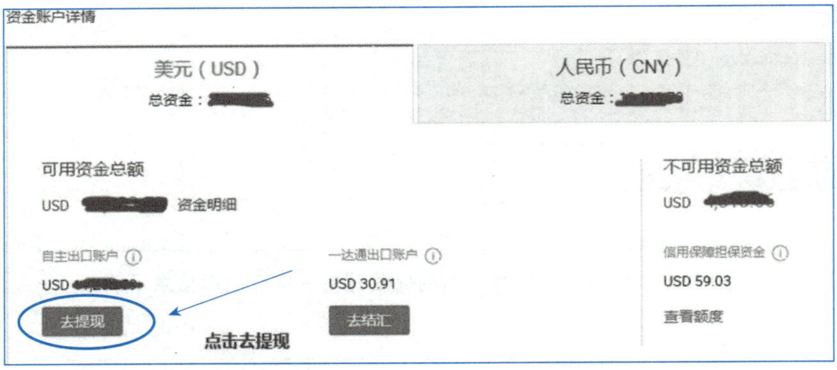

图 8－10　阿里巴巴国际站资金管理—提现示例

（2）通过一达通代理出口的信用保障订单资金提现时选择美元，点击“去结汇”即可（见图 8－11）。

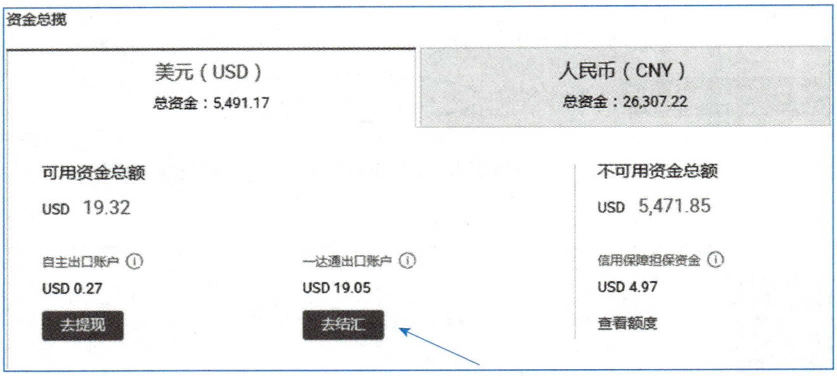

图 8－11　阿里巴巴国际站资金管理—结汇示例

（六）收货与评价

买家登录后台—Orders—All Orders，找到对应需要确认的订单，点击“Confirm”即可（见图 8－12）。

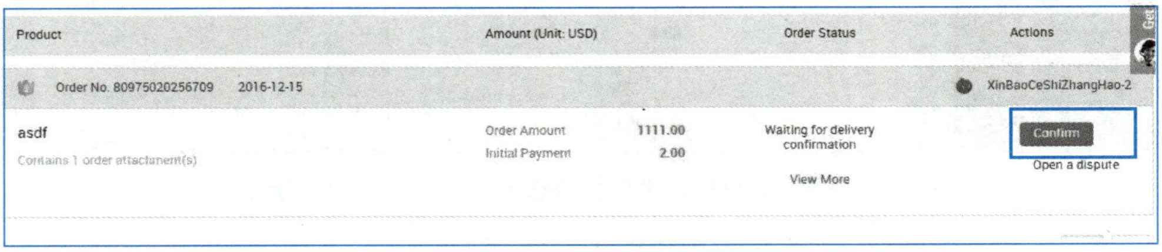

图 8－12　阿里巴巴国际站买家收货示例

卖家在订单完成后 30 天内可邀请买家评价，买家在订单交易完成后 30 天内可对订单进行评价。阿里巴巴国际站邀请评价入口如图 8－13 所示。

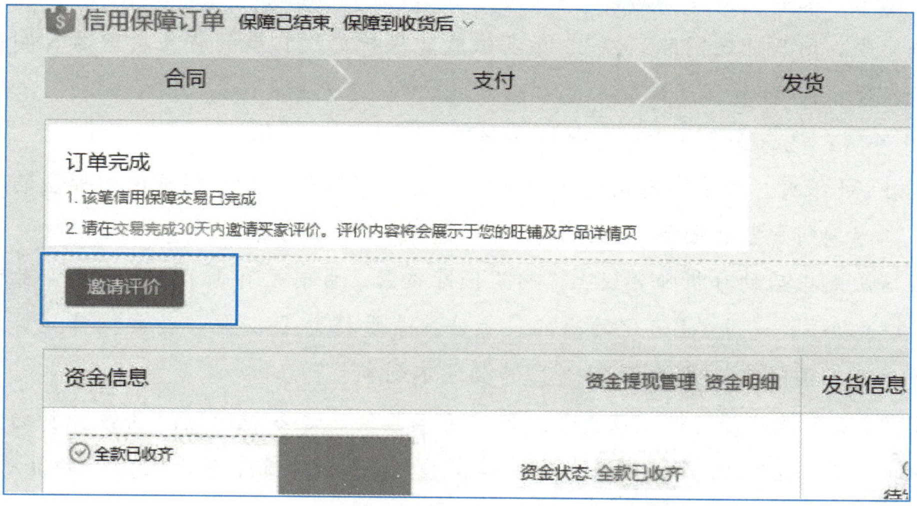

图 8－13　阿里巴巴国际站邀请评价入口

（七）售后

如果买家向平台提交纠纷，建议卖家积极响应，可以同意或提出新方案，响应后耐心等待买家回应；如果买家超过 7 天不响应，纠纷会自动关闭；如果买家发起纠纷 3 天后，卖家与买家已经多次协商未成，无法再协商下去，也可以主动申请阿里巴巴介入；如果买家发起纠纷后，卖家未响应，那么第 8 天纠纷自动升级成仲裁；退款申请发起后 30 天未达成一致或撤销，则自动升级为仲裁。

行业洞察

阿里财报中“藏着”一个加速拓展的国际站

2024 年 5 月 14 日，阿里巴巴发布了 2024 财年第四季度及全年业绩。根据这份财报，阿里国际再度交出一份亮眼成绩单，本季度收入同比增长 45%，连续 7 个季度超市场预期。

财报里有关全球速卖通的迅猛增长等亮点，外界已经说了很多，而主攻 B2B 的阿里巴巴国际站其实更难被忽视。当前，国际站一年的线上成交额接近 500 亿美元，而国际站支持的 B2B 出口规模更是达到了 3 500 亿美元，从体量来看是出海的主力赛道。

这个一直以来被称为“阿里长子”的最早业务，过去一年连续推出了 AI 外贸产品、半托管服务，加速拓展的势头不小。据悉，在 AI 的驱动下，阿里巴巴国际站的 SaaS 产品收入同比增长了 74%。

而在海外，根据 Data. ai 的数据，2024 年 3 月，阿里巴巴国际站在全球电商平台的下载量排行中已然升至第四。一家主要面向海外企业买家的 B2B 平台能在一众 B2C 电商中跻身前四，足见阿里巴巴国际站在海外的影响力。

最近知名调研机构的品牌研究报告也指出，阿里巴巴国际站在美国、德国等核心市场的买家中，品牌认知度稳居第一梯队。

事实上，阿里巴巴国际站在 25 年后依然能保持加速拓展的势头，原因其实不难分析，就在于：AI 外贸和半托管。

AI 外贸：已有 1.7 万中小企业订购使用

现在 AI 很火，但真正有用的应用却很稀缺。可就在业内还在争论大模型的发展路线时，本季度阿里巴巴国际站已经晒出了一份 AI 应用成绩单。

在这次财报后的分析师会议上，阿里国际披露，目前已有 1.7 万家中小企业订购使用 AI 生意助手。通过 AI 优化的商品，海外搜索量提升了 37%，效率提升显著。而这距离阿里巴巴国际站正式发布 AI 外贸产品还不到半年。

用 AI 来降低外贸门槛，让更多此前因为经验缺乏等各种原因没法做外贸的企业加入进来，这是阿里巴巴国际站的明确策略。加之 AI 在外贸生意提效方面的显著作用，阿里巴巴国际站确实吸引了大量新商家。

在 AI 外贸的驱动下，过去一年阿里巴巴国际站的整体 SaaS 产品收入同比增长了 74%。

而 AI 之所以能在阿里巴巴国际站上得到快速应用，原因在于外贸就是生成式 AI 的绝佳应用场景。

传统的外贸链路很长，而且包含了大量如选品发品、运营沟通等任务目标明确但重复性高的繁杂工作，更涉及多语言环境、时差等问题。阿里巴巴国际站意识到，这些其实都是 AI 擅长的，如果外贸企业把这些交给 AI，难题就迎刃而解了，外贸员可以解放出来去做像产品开发、市场选择等更重要的事情。

因此，阿里巴巴国际站的 AI 产品从一开始就是与外贸的实际问题紧密结合的，干的也都是帮商家智能选品、一键发品、智能接待海外客户、诊断分析经营中的问题等实用性很强的工作。结合阿里巴巴国际站多年来对海外市场的洞察和经验，新手也能一键变老手。

半托管：目标直指新市场

在 AI 外贸之外，本季度阿里巴巴国际站还推出了半托管服务。半托管最近在跨境电商领域很火，但 B2B 的半托管这还是第一个。

阿里巴巴国际站的半托管核心特点在于：经营自主性更高。在阿里巴巴国际站的半托管服务模式下，商家将跨境物流这一最复杂的环节托管给了平台。

再加上 B2B 外贸本身就具有的经营更可持续的特性，阿里巴巴国际站的半托管服务迅速吸引了一大批商家加入，并且快速出单。

而事实上，阿里巴巴国际站的半托管服务意在开拓新市场。

此前阿里巴巴国际站总裁在一次访谈中提到，当前在 B2B 外贸领域，除了目前成熟的定制类赛道，还有一个万亿美元级别的新市场：海外现货批发市场。这个市场由大量零售商、服务商组成，其对于确定性采购体验的要求更高。而半托管就是由平台深度整合供应链，帮国内的外贸商家满足这些新客户的需求。

与此同时，在一些定制类的行业，更简单、更确定性的采购体验也同样有其需求，阿里巴巴国际站也在进一步扩大托管服务覆盖的行业范围。事实上，半托管的背后，是阿里巴巴国际站希望把整个外贸交易链路彻底线上化的目标。

可以想象，当外贸采购能像普通人网购一样简单，外贸商家能获得的新客户、新市场也将进一步扩大。

资料来源：佚名．阿里财报中“藏着”一个加速拓展的国际站［EB/OL］.（2024－05－15）［2024－11－22］．金融界.

实训练习

阿里巴巴跨境供应链是阿里巴巴集团旗下为全球中小微企业提供履约保障服务的数字化协同平台，其前身为阿里巴巴外贸综合服务平台一达通。2018 年 11 月，一达通正式升级为阿里巴巴跨境供应链。请登录“跨境供应链”平台，学习与订单履约相关的内容。

单元二 国际贸易风险

在当前复杂、严峻的形势下，从事国际贸易的企业，尤其是中小企业，面临着诸多不确定因素，经营环境异常复杂。从企业竞争力来看，要素价格持续上涨，低成本优势正在减弱，传统比较优势正在弱化，外贸企业经营压力正在加大。从贸易环境来看，我国外贸企业在国际上遭遇的贸易摩擦较多。从地缘政治来看，一些地区的局势动荡加剧了国际贸易的风险和不确定性。

国际贸易风险主要是指国际贸易业务流程中发生的风险。目前，我国跨境电商企业在国际贸易中主要面临以下几类风险：政治风险、法律风险、市场风险和信用风险等。

一、政治风险

政治风险在很大程度上取决于各国（或地区）的政治稳定性及实施的政治制度。相对来讲，政局较为稳定的国家（或地区），政治因素影响国际贸易的风险较小；而政局动荡或不稳定的国家（或地区），政治因素影响国际贸易的风险较大。一个国家（或地区）的经济政策、金融政策等都会对国际贸易产生直接的影响，这些影响在一些特定的情况下会转移为国际贸易风险。例如：如果一个国家（或地区）采取反倾销等贸易保护政策，就会给国际贸易带来严重的消极影响，容易产生贸易摩擦，为国际贸易带来风险。

来自国家（或地区）外的政治风险包括战争、贸易争端、汇率变化、经济制裁，以及一些临时措施如提高关税、反倾销、反补贴等。来自国家（或地区）内的政治风险包括出口退税或者补贴政策的调整、进出口许可证制度的变化、外汇政策的变化、检验制度的调整和改变等。

双方在订立进出口合同时，应注意在合同中增加特定条款，约定利于双方贸易安全的适用法律和争议解决方式。例如：双方可以在稳定性条款中约定双方应当依据合同订立时的法律和规定履行合同义务，任何政府的行为或者当地法律法规变化均不影响合同的履行，除非经过双方当事人的同意。

我国企业可向出口信用保险机构投保出口风险保险，以转嫁由于政府行为或法律变更导致的损失。在我国多家出口信用保险公司提供的保险中，就包括政治风险管理与赔付。保险公司可以利用自身的专业性跟踪贸易国（或地区）的政治、经济情况，及时给予较为准确的风险预警，为企业提供风险规避技巧，对于企业海外的应收账款追偿提供帮助，并在出口国（或地区）产生经济风险时给予援助。

以中国出口信用保险公司为例，它为出口的买方和卖方提供信贷保险。中长期出口信用保险为金融机构、出口企业或融资租赁公司收回融资协议、商务合同或租赁协议项下应收款项提供风险保障，承保业务的保险期限一般为 2～15 年。中长期出口信用保险的承保风险与赔偿比例如表 8－2 所示。

表 8－2　中长期出口信用保险的承保风险与赔偿比例

<table>
<tr><td rowspan="4">承保风险</td><td>商业风险</td><td>债务人宣告破产、倒闭、解散或拖欠商务合同或贷款协议项下应付款项。</td></tr>
<tr><td rowspan="3">政治风险</td><td>债务人所在地政府或还款必经的第三国（或地区）政府禁止或限制债务人以约定货币或其他可自由兑换货币偿还债务。</td></tr>
<tr><td>债务人所在地政府或还款必经的第三国（或地区）政府颁布延期付款令，致使债务人无法还款。</td></tr>
<tr><td>债务人所在地发生战争、革命、暴乱或保险人认定的其他政治事件。</td></tr>
<tr><td rowspan="3">赔偿比例</td><td colspan="2">出口买方信贷保险、出口延付合同再融资保险最高赔偿比例为 95%。</td></tr>
<tr><td colspan="2">出口卖方信贷保险项下最高赔偿比例为 90%。</td></tr>
<tr><td colspan="2">金融机构（含金融租赁公司）作为被保险人的海外租赁保险最高赔偿比例为 95%，非金融机构作为被保险人的海外租赁保险最高赔偿比例为 90%。</td></tr>
</table>

二、法律风险

跨境电商的法律风险涉及很多不同的法律领域，相对来讲比较复杂。由于相应的法律法规建设还不够完善，因此产生了一系列的法律风险问题，如知识产权风险、数据保护与隐私风险、税务与关税风险、合同与法律文书风险等。以下介绍后三种。

（一）数据保护与隐私风险

随着跨境电商业务的发展，企业可能涉及大量个人数据的收集、处理和传输。这些数据可能包括消费者的个人信息、交易记录等敏感信息。企业需要确保在处理这些数据时，遵守相关国家和地区的数据保护和隐私法律法规。如果企业未能保护消费者的隐私和数据安全，可能会面临法律责任和声誉损失。

（二）税务与关税风险

税收政策也会直接影响跨境电商行业的发展。跨境电商进口涉及行邮税、“关税＋增值税＋消费税”等税收问题，跨境电商出口涉及出口货物的增值税和消费税的退免优惠，即出口退税问题。企业在进口或出口商品时，需要了解并遵守相关国家（或地区）的税务与关税规定。如果企业未能正确申报商品的价值、数量或种类，可能会导致税务违规，面临罚款、没收货物等风险。企业还需要关注各国（或地区）对于跨境电商行业的税收优惠政策，合理利用政策优惠来降低税务成本。无论是跨境电商进口还是跨境电商出口，税收的增加都将导致经营成本的增加、利润的稀释、价格优势的丧失和市场竞争能力的削弱。

（三）合同与法律文书风险

在跨境电商业务中，企业与供应商、物流服务商等合作伙伴之间的合同关系十分复杂。企业在签订合同时，需要确保合同条款明确、合法、有效，并遵守相关国家（或地区）的法律规定。企业在处理跨境电商业务时，需要涉及各种法律文书，如发票、提单、保险单等。企业需要确保这些法律文书的真实性和合法性，以避免因文书问题导致的法律纠纷。

三、市场风险

市场风险是指由于市场的变化而导致企业在国际贸易中亏损的风险。在一般的国际贸易中，企业主要面临的市场风险是汇率风险和价格风险。汇率风险是由本币和外币的价值发生变动的可能性导致的。价格风险是指企业主要商品的价格出现剧烈波动，从而给企业在国际贸易进程中带来风险。例如：一旦市场行情变得对进口方不利，进口方就可能会以各种理由拒绝付款赎单，那么出口方未收到货款可能就要承受巨大损失，如降价销售、变卖等。

规避市场风险的措施种类较多，跨境电商企业应依据具体情况合理选择。例如，为了转嫁货物在运输过程中的风险损失，跨境电商企业有必要办理货物运输保险，并做到不错保、不漏保。

为了规避国际贸易市场风险，跨境电商企业应选择安全、有效的结算方式。目前，国际贸易中使用的主要支付方式有汇付、托收和信用证。汇付和托收都属于高风险的商业信用方式，而信用证以银行信用为担保，风险相对较小。

此外，跨境电商企业还可以通过投保出口信用保险、使用国际保理业务等方式规避市场风险。对跨境电商企业来说，最根本的方法是提高出口产品质量和严格遵循国际贸易惯例。

还是以中国出口信用保险公司为例，短期出口信用保险为以信用证、非信用证方式从中国出口的货物或服务提供应收账款收汇风险保障。承保业务的信用期限一般为一年以内，最长不超过两年，如表 8－3 所示。

表 8－3　短期出口信用保险的承保风险与赔偿比例

承保风险	商业风险	买方破产或无力偿付债务； 买方拖欠； 买方拒收； 开证行破产、停业或被接管； 单证相符、单单相符时开证行拖欠或在远期信用项下拒绝承兑。
承保风险	政治风险	买方或开证行所在国家（或地区）禁止或限制买方或开证行向被保险人支付货款或信用证款项； 买方所在国家（或地区）禁止买方购买的货物进口，撤销已颁发给买方的进口许可证或不批准进口许可证有效期的延期； 买方或开证行所在国家（或地区）发生战争、内战、叛乱、革命或暴动，导致买方无法履行合同或开证行不能履行信用证项下的付款义务； 买方或开证行所在国家（或地区）或付款须经过的第三国（或地区）颁布延期付款令。
赔偿比例	最高赔偿比例为 90%。	
赔偿比例	出口信用保险（福费廷）保险单下的最高参与比例可以达到 100%。	

四、信用风险

（一）客户信用风险

微课

客户信用风险

作为一种新兴的国际贸易模式，近年来，跨境电商主要面临的风险是信用风险。信用风险是指在以信用关系为纽带的交易过程中，交易一方不能履行给付承诺而给另一方造成损失的可能性，最主要的表现是企业的客户到期不付货款或者到期没有能力付款。

在跨境电商 B2C 领域，以亚马逊、eBay、全球速卖通为代表，在线上闭环、数据沉淀的基础上，它们各自以平台作背书，通过 Amazon Payments、PayPal、支付宝国际版等工具，保证了资金安全，解决了交易双方的信任问题。

缺乏信任是制约跨境电商 B2B 发展的核心问题。长期以来，在跨境电商 B2B 领域，线上只承担信息展示功能，没有形成交易闭环，缺乏反映企业真实情况的数据。交易双方往往需要通过长时间的沟通、谈判、试单、验厂等环节来达成信任。阿里巴巴数据显示，超过 60%的供应商在订单达成环节遇到过买家的信任问题。

阿里巴巴集团全资收购一达通，标志着 B2B 领域的交易闭环可以形成，企业订单、资金、物流相关的数据可以在线上沉淀。2014 年底，阿里巴巴国际站正式从信息展示平台向线上交易平台进行转型，并推出了信用保障体系。

尽管阿里巴巴国际站提供了线上的信用保障体系，但是大部分供应商还是会选择将询盘引到线下与客户交流，并最终采取线下交易方式。

（二）客户信用风险防范对策

跨境电商企业的信用风险主要来自信用销售。对客户进行资信调查是跨境电商企业交易前不应缺少的一个环节。外商资信状况直接关系到其能否严格履行合同，跨境电商企业能否安全收汇。有些跨境电商企业对外商既不做资信调查，又轻率采用对出口方具有极大风险的付款方式，如 T/T、D/A、D/P 等，给国外一些不法商人可乘之机。

微课

客户信用风险防范对策

跨境电商企业对客户进行资信调查的内容往往包括国外客户的组织机构情况，如企业的性质、创建历史、主要负责人、分支机构等。资信情况包括资金和信用两方面。资金是指企业的注册资金、财产以及资产负债情况；信用是指企业的经营作风、履约信誉等。

一般而言，企业会根据客户信用等级和客户所在国家（或地区）情况选择合适的结算方式。对于信用很好的客户，可以采用汇付方式；对于信用一般但所在国家（或地区）银行信用很好的客户，可以选择托收和信用证方式；而对于信用一般且所在国家（或地区）银行信用也一般的客户，最好采取保理方式，在合同中加入预付定金等担保条款，或者投保出口信用保险，这样可以适当降低企业的收汇风险。

资信调查是一项极为复杂且专业的工作，跨境电商企业需要花费大量的时间和人力，对调查人员的素质要求也很高。对于绝大多数中小微企业来讲，靠自己的力量很难完成这项工作。跨境电商企业面对的是国外客户，自己进行调查的难度更大。因此，跨境电商企业一般会通过以下几种途径进行客户资信调查。

（1）通过银行调查是一种常见的方法，按照国际习惯，调查客户的情况属于银行的业务范围。在我国，跨境电商企业一般委托中国银行办理。

（2）通过各类商业组织调查，如商会、同业公会、贸易协会等。但通过这种渠道得来的资信，跨境电商企业要经过认真分析，不能轻信。

（3）通过我国驻外机构调查，一般比较具体、可靠，对业务的发展有较大的参考价值；或者委托专业的资信调查机构调查，如中国出口信用保险公司等。

（4）企业名录、厂商年鉴以及其他有关资料，对了解客户的经营范围和活动情况具有一定的参考价值。

为了减少进出口贸易的信用风险，跨境电商企业一定要选择商务部规定的具有合法资质的国际货物运输代理企业，并考察其资信情况。对于进口商指定的国际货运代理，如果不符合要求，跨境电商企业必须要求进口商更改承运人，或者由有资质和实力的国际货运代理人提供担保。对于国外的开证行或代收行，跨境电商企业可以通过国内银行对其资信情况进行了解。对于资信不佳的开证行或代收行，跨境电商企业应当要求其提供保兑行。

国际贸易市场形势日益复杂，贸易风险隐患时时存在。外贸业务员在拓展目标市场时，要时刻坚守职业道德，严格遵守公司风控流程，把控好各个环节的风险点。对于跨境电商企业来说，要练好“内功”，提高防范和应对贸易风险的能力。风险管理是一项系统性的、综合性的工作。建立健全风险防控体系任重而道远。跨境电商企业只有提升自身内外部的综合风险管理水平，才能更好地确保贸易活动安全、稳健地运行。

行业洞察

从两则案例看海外欺诈风险

在订单减少的背景下，国外一些不法分子利用出口企业急需新订单稳定生产经营的心理，打起了歪主意，欺诈行为层出不穷。本文将介绍两个案例，供广大跨境电商企业参考，提高警惕，增强识别贸易诈骗的能力。

案例一

厦门某服装出口企业A向中国出口信用保险公司（以下简称中国信保）厦门分公司提交了某美国买方限额申请，并表示买方将通过银行开证付款。中国信保厦门分公司客户经理立即关注到买方提出的开证行主体规模小、资质有限，且为已清算银行。在限额申请交流过程中，客户经理进一步向企业A了解贸易背景情况，随即发现了以下问题：

（1）买方始终未提供有效信用证，沟通过程中的信用证草稿件样式与一般信用证存在差异。

（2）经中国信保厦门分公司提醒，企业A向买方提出开证行存续状态有异常的质疑后，买方又表示最终会使用其他开证行，但却始终无法给出确切的开证行SWIFT代码。

（3）在企业A催促信用证时，买方提出变更支付方式，并主动提出可以先支付部分预付款，希望尽快开启合作。

（4）买方主动向企业A建议可咨询中国信保投保并为其申请限额。

经中国信保厦门分公司的风险提示和顾问式咨询服务，综合考虑经济形势，企业A

最终未接受买方订单，并与中国信保厦门分公司就订单风险进行复盘。经过深入沟通，结合中国信保的理赔平台信息发现，该买方联系人疑为中间商身份，该联系人同时接洽众多美国企业，并用美国企业的身份向中国供应商采购，但其自身并非隶属于这些美国企业。当交易进展顺利时，中国供应商或能从其处间接收到美国买方支付的款项。但一旦交易出现瑕疵，美国企业并不承认该联系人身份，亦否认自身与中国供应商发生交易，而中国供应商也因无法提供与买方直接沟通的邮件记录及贸易单据，从而面临无法有效举证债权的尴尬局面，部分企业已经因此遭受了损失。

案例二

厦门出口企业B收到来自香港的新订单询盘。由于双方是第一次合作，因此企业B希望采用信用证或预付款等比较安全的结算方式。但是买方坚持采用赊账方式，并主动建议企业B向中国信保投保。

在接到企业B的限额申请后，中国信保厦门分公司委托国外渠道对买方进行了资信调查，并从调查结果中发现了诸多疑点：

(1) 资信报告显示买方主营业务为建材，但此次合同项下，其向企业B采购的商品为汽车零部件。

(2) 买方在短期内向中国信保服务的多家企业询盘，采购产品从汽车零部件、电子产品到服装，产品行业差异极大。

(3) 在与其他供应商交易过程中，买方出现询盘公司、下单主体、后续联系公司及预付款打款主体均不相同的情况。

基于上述疑点，中国信保厦门分公司提醒企业B谨慎承接该订单。时隔不久，该买方即在其他出口企业项下出现拖欠情况。

结合以往发现的欺诈案例，中国信保厦门分公司在此提醒出口企业，遇到以下情况，需加强风险甄别，如有必要应及时与中国信保联系，寻求更多信息支撑和风险规避建议：

(1) 从业务来源看，业务来自网络或社交平台等线上认识的买方或展会中的某个人。

(2) 从业务沟通过程看，买方对商品价格不敏感，并熟悉信用保险工具，在业务沟通过程中主动建议出口企业投保信用保险，以此打消出口企业的疑虑。

(3) 从物流环节看，货物最终目的地为买方所在国（或地区）之外的第三国（或地区），特别是非洲国家（或地区）（目前案件中以乌干达居多）。

(4) 从交易产品看，通用类产品居多，且与资信调查反馈的买方主营产品有较大差异。

跨境电商企业在开拓海外市场时，不仅会遇到鲜花，还会遇到荆棘。在外需萎靡的大环境下，企业更需要增强风险甄别能力。在交易前，企业应对交易对象进行充分的资信调查，对于首次交易的买方，尽可能采取如D/P或信用证等更保守的支付方式，如果要采用赊销方式，可以适当减少首单交易金额或提高预付款比例。

当前，各类“黑天鹅”“灰犀牛”事件层出不穷。在成本上升和市场低迷的双重压力下，出口企业经营倍感困难，而出口信用保险正是帮助企业甄别业务风险、开拓新兴市场的有力的政策性金融工具，可供出口企业加以运用。

资料来源：中国信保厦门分公司．从两则案例看海外欺诈风险［EB/OL］．(2024-07-23)［2024-11-22］．中国信保官网．

实训练习

分析下面的案例中出口公司亏损的原因以及防范对策。

中国某出口公司与埃及客户谈妥了一笔外商指定的某工厂生产的化工品的出口业务，合同规定 20 天内装运，价格条件为 FOB 上海。同时，外商指定了一家船公司为承运人。因为成交价格相当不错，该出口公司的业务员毫不犹豫就与买家签下了合同。但之后该出口公司的业务员联系供货厂家，方得知该厂的这一产品目前在国际市场上非常畅销，接到的订单已经排到了 2 个月后，所以根本不可能在 20 天内交货。该出口公司遂与买家协商，希望延期交货，或者改为其他厂家的产品，客户无法接受，该出口公司只好高价从另外一家外贸公司手上买下一批合同所要求的货物来履约。结果是，在签订合同时，本来预算有利可得，但后来为了履行合同，反而亏损了几千美元。

模块练习

一、判断题

1. 相比国内电商，跨境电商较容易引起知识产权纠纷，后续司法诉讼和赔偿十分麻烦。(　　)

2. 相比跨境电商 B2B，跨境电商零售的订单履约流程更多、更复杂。(　　)

3. 阿里巴巴国际站是一家信息服务平台，而不是在线交易平台。(　　)

4. 来自国外的市场风险包括战争、贸易争端、汇率变化、经济制裁，以及一些临时措施如提高关税、反倾销、反补贴等。(　　)

5. 企业一般会根据客户信用等级和客户所在国家（或地区）情况选择合适的结算方式。对于信用一般而且所在国家（或地区）银行信用也一般的客户最好采取汇付方式。(　　)

二、不定项选择题

1. 以下哪些情况属于中国出口信用保险公司的中长期出口信用保险的承保范围？(　　)

A. 债务人所在地政府或还款必经的第三国（或地区）政府禁止或限制债务人以约定货币或其他可自由兑换货币偿还债务

B. 债务人所在地政府或还款必经的第三国（或地区）政府颁布延期付款令，致使债务人无法还款

C. 债务人所在地发生战争、革命、暴乱或保险人认定的其他政治事件

D. 债务人宣告破产、倒闭、解散或拖欠商务合同或贷款协议项下应付款项

2. 跨境电商企业面临的法律风险包括（　　）。

A. 数据保护与隐私风险　　B. 知识产权风险

C. 税务与关税风险　　D. 战争风险

3. 对买方的资信调查是一项专业的工作，主要的调查途径包括（　　）。

A. 通过银行调查　　B. 通过各类商业组织调查

C. 通过我国驻外机构调查　　D. 通过侦探社调查

知识拓展

阿里巴巴国际站关于海关扣关类纠纷实施细则

一、概述

为保护阿里巴巴国际站在线交易买卖双方的合法权益，更加公平和高效地调解处理交易纠纷，依据《阿里巴巴国际站总则》《阿里巴巴交易服务协议》《信用保障服务规则》《阿里巴巴国际站交易纠纷调处规则》等相关规定制定本规则。

二、定义

海关扣关：买家选择“商品被海关查获”（Products were seized at customs）为原因发起的纠纷，常见的具体纠纷场景包括因商品不符合相关国家或地区（包括但不限于出口国、目的国、中转国）法律或政策规定、商品涉嫌侵权、清关责任方怠于履行清关义务等导致商品被海关扣留或长时间滞留的情形。

三、平台的立场和处理原则

（1）阿里巴巴将根据海关扣留证明内容和双方约定确定导致货物被扣留的责任方，并要求责任方限期采取补救措施。

（2）因买家责任或原因导致货物无法顺利清关，且买家未在规定期限内采取补救措施的，阿里巴巴支持将货款支付给卖家，货物无法送达的风险由买家自行承担；因卖家原因导致且未在规定期限内采取补救措施的，阿里巴巴支持退款予买家，货物无法退回

予卖家的风险由卖家承担。

（3）货物因被扣关导致的罚金、仓储费、退回运费等损失如双方有约定的从约定，如无约定则由阿里巴巴判定的责任方承担。

（4）如订单为卖家选择物流订单，运输方式为快递/空运/邮政的，且在海关扣关前已达 60 天的，阿里巴巴有权将参照《国际站关于运输在途规则类纠纷实施细则》《阿里巴巴国际站交易纠纷调处规则》等规定对纠纷进行调处。

四、举证要求及注意事项

（1）双方因货物被海关扣留或长时间滞留而产生争议的，应首先协商解决纠纷，无法在合理期间达成一致意见或卖家未在五日内响应的，买家可以申请平台介入，系统将视情况执行买家方案或升级仲裁；若纠纷上升至平台，平台有权视具体纠纷情况要求举证责任方在平台设置的举证期内积极配合举证。

1）清关责任方需在限期内提供货物被海关扣留或长时间滞留的有效证明，平台予以认可的相关凭证包括：

①海关文件或其他有权机关出具的相关凭证；

②可供在线核验的物流信息且信息包含货物被海关扣留或长时间滞留海关；

③权威第三方承运服务商的情况说明；

④其他平台可认可的凭证。

2）卖家需提供的证明资料包括但不限于：

①有效的发货凭证；

②商品被海关扣留或长时间滞留系买家原因的相关凭证；

③其他证明材料。

3）买家需提供的证明资料包括但不限于：

①商品被海关扣留或长时间滞留系卖家原因的相关凭证；

②买家有正当合理理由拒绝配合清关的相关凭证，例如卖家严重逾期且未经买家同意即发货、卖家未按约定方式发货且拒绝提供合理解决方案、严重的货描不符等；

③物流、海关未提醒收货、清关等证明导致货物被退回；

④其他证明材料。

（2）争议上升至平台仲裁的，买卖双方须对各自的主张或抗辩提供证明材料，并配合平台的举证要求，限期内无有效举证的不利后果自行承担。任何一方提交虚假、变造、伪造的证据，或未在阿里巴巴要求的时限内提交符合要求证据的，阿里巴巴有权视情况终止纠纷调处程序或根据已有证据做出调处决定。

（3）国际站有权对本细则具体条款进行升级，具体以国际站官方规则频道公示内容为准。

五、适用范围

本规则适用于在线交易成交的所有信用保障订单，不包括 E 收汇订单、E 订单、美国 GGS 订单、我国港台订单和马来订单。

六、其他

（1）平台可根据实际情况调整本规则，并以公告的形式公示。

（2）本规则于北京时间 2023 年 12 月 27 日正式发布，2024 年 1 月 3 日起本规则生效。

参考文献

［1］李鹏博．揭秘跨境电商［M］．北京：电子工业出版社，2015.

［2］李鹏博，郑锴．B2B 跨境电商［M］．北京：电子工业出版社，2018.

［3］速卖通大学．跨境电商视觉呈现：阿里巴巴速卖通宝典［M］．北京：电子工业出版社，2018.

［4］邓志超，彭思，等．跨境电商：速卖通运营与管理［M］．2 版．北京：人民邮电出版社，2023.

［5］阿里巴巴（中国）网络技术有限公司．跨境电商 B2B 立体化实战教程［M］．北京：电子工业出版社，2019.

［6］老魏．增长飞轮：亚马逊跨境电商运营精要［M］．北京：电子工业出版社，2020.

［7］王红蕾，刘冬美．跨境电子商务 B2B 运营实务：阿里巴巴国际站［M］．北京：中国财富出版社，2022.

［8］彭德雷，王达坡，等．国际经贸合规风险与应对［M］．上海：上海人民出版社，2023.

［9］易传识网络科技．跨境电商多平台运营：实战基础［M］．4 版．北京：电子工业出版社，2024.

［10］王维．重构跨境电商：数字时代的全球化实践［M］．北京：中国发展出版社，2024.